Vom Protest zur gewaltsamen Aktion

Daniela Fleischhauer

Vom Protest zur gewaltsamen Aktion

Gründe für den Weg von Ulrike Meinhof

in den Terrorismus

Bibliografische Information der Deutschen Nationalbibliothek:
Die Deutsche Nationalbibliothek verzeichnet diese Publikation in der
Deutschen Nationalbibliografie; detaillierte bibliografische Daten sind
im Internet über
< http://dnb.d-nb.de > abrufbar.

© 2008 Daniela Fleischhauer
Satz, Umschlaggestaltung, Herstellung und Verlag:
Books on Demand GmbH, Norderstedt
ISBN: 978-3-8334-7630-3

Inhalt

Einleitung

Mit dem Sprung aus dem Fenster des Instituts für Soziale Fragen am 14. Mai 1970 beendete Ulrike Marie Meinhof ihre journalistische Karriere und ging in den Untergrund.«[1]

Mit diesem lapidaren Satz beschreibt Stefan Aust in seinem Buch *Der Baader Meinhof Komplex* den entscheidenden Schritt der etablierten und beruflich arrivierten Redakteurin in jene Rote Armee Fraktion, die in den folgenden zwei Jahren als »Baader-Meinhof-Bande« bei Anschlägen oder Schusswechseln für elf Todesopfer verantwortlich zeichnete und als terroristisches Schreckgespenst die 70er Jahre in der Bundesrepublik kennzeichnete.

So spontan und überstürzt diese Handlung beim flüchtigen Betrachten auch anmuten mag, so einschneidend und maßgebend für Ulrike Meinhof waren die Erlebnisse, die diesem Schritt vorausgegangen waren und die sich über gut zwei Jahrzehnte erstreckten, wie die vorliegende Arbeit zeigen wird. Wenngleich diese Aktion von Meinhof auch nicht ausdrücklich geplant gewesen war, so war sie doch das letzte Glied in einer Kette von Ereignissen, die dazu beitrugen, dass sich die spätere Terroristin mehr und mehr vom bundesrepublikanischen System los- und ihm letztlich den Kampf ansagte.

Für Ulrike Meinhof war es nur ein kleiner Sprung; für die Bundesrepublik sollte er den Beginn des Untergrundkampfes der Gründergeneration der Roten Armee Fraktion markieren, an dessen Ende der »Deutsche Herbst« 1977 stand mit der Ermordung von Generalbundesanwalt

Siegfried Buback, der Tötung des Dresdner-Bank-Vorstandsvorsitzenden Jürgen Ponto und der Entführung und Ermordung des Arbeitgeberpräsidenten Hanns Martin Schleyer sowie der Entführung der Lufthansa-Maschine »Landshut« durch arabische Terroristen. Am Ende stand aber auch der kollektive Selbstmord der verbliebenen Gründungsmitglieder der RAF, Andreas Baader, Gudrun Ensslin und Jan-Carl Raspe, in der Justizvollzugsanstalt Stuttgart-Stammheim am 18. Oktober 1977.

Was aber waren die Beweggründe, die Ulrike Meinhof – journalistisch renommiert, für Frieden und Abrüstung eintretend und von ihrer Ziehmutter Renate Riemeck als leicht ausnutzbar beschrieben – dazu veranlassten, mit ihrem bisherigen Leben zu brechen und nur noch in der krassen Kategorie *Freund-Feind* zu denken? Warum ging eine Publizistin wie Meinhof, die – wie ihre Texte belegen – stets scharf und sorgfältig analysierte, bevor sie schrieb, in den Terrorismus und engte sich damit selbst in ihrem Bewegungsraum zur Einflussnahme derart stark ein? Geben ihre Publikationen Aufschluss darüber, wann genau sich dieser Bruch vollzog, inwieweit polarisierten die nationalen und internationalen Verhältnisse und Geschehnisse auf der politischen Bühne die Standpunkte von Meinhof und deren Weggefährten und lässt sich ausmachen, an welchem Punkt die Journalistin Gewalt, die sie noch unmittelbar nach dem Dutschke-Attentat 1968 ablehnt, als Mittel befürwortet?

Zielten ihre Überlegungen möglicherweise doch das erste Mal in diese Richtung nach dem Schuss aus der Pistole eines Kriminalbeamten, der am 2. Juni 1967 während der Studentenunruhen anlässlich des Schah-Besuches in Berlin den jungen Benno Ohnesorg tötete? War das Attentat auf den SDS-Chefideologen Rudi Dutschke letztlich mit ein ausschlaggebender Faktor oder war es die Enttäuschung über die Verabschiedung der Notstandsgesetze am 30. Mai 1968, der ein harter Kampf vorausgegangen war, oder aber möglicherweise eine Form der Hochstilisierung Andreas Baaders, jenes Kaufhausbrandstifters, den der Ruf eines Abenteurers und edlen Briganten[2] umgab und von dem Klaus Rainer Röhl, Meinhofs geschiedener Ehemann, schrieb, dass er sich nur mit Daumen und Zündholz artikulieren könne?[3]

In diesem Zusammenhang wird auch auf den von Meinhof explizit angesprochenen Rechtsruck der Sozialdemokraten in den 50er und 60er Jahren einzugehen sein. Eine Entwicklung, die keineswegs spurlos an ihr vorbeigegangen ist.

Ebenso ergab sich für Meinhof eine innere Zerrissenheit ob der zwei Welten, in denen sie sich bewegte. Da gab es auf der einen Seite die berufliche Stellung, die ihr das Ansehen und den Anteil an dem Wohlstand sicherte, gegen den sie eigentlich schrieb. Sie galt als Vorzeigelinke, die am gesellschaftlichen Leben Anteil hatte. Gleichzeitig kam sie, ob nun bei Studentenunruhen oder während Beobachtungen in Erziehungsheimen, mit einer ganz anderen Welt in Kontakt. Andererseits war sie sich darüber im Klaren, dass eben diese Stellung ihr überhaupt erst die Freiheit einräumte, das zu publizieren, was sie bewegte. Die Spannungen, die daraus resultierten, sollen im Kontext beleuchtet werden und ebenso die übrigen Aspekte, die dazu führten, dass sich eine kriminelle Gruppe formierte, die zum Staatsfeind Nummer 1 avancierte und zu deren Ergreifung die Bundesrepublik einen beispiellosen Fahndungsapparat aufbaute.

Denn die Tatsache, dass Persönlichkeiten wie der Schriftsteller Heinrich Böll sich im Strudel des so genannten »Sympathisantentums« wiederfanden, weil sie versuchten, Motive aufzudecken, gesellschaftliche Hintergründe zu beleuchten und der Schwarz-Weiß-Vereinfachung aufklärend entgegenzuwirken, lässt den missionarischen Übereifer eines großen Teils der bürgerlichen Abwehrfront und damit die angespannte Atmosphäre jener Zeit erkennen.

Das Klima in der Bundesrepublik nach Gründung der RAF war ein anderes als noch kurz zuvor. Die Terroristen, die angetreten waren, die Massen zu mobilisieren sowie die Ausbeutung, die Vernichtungs- und Zerstörungsprozesse von Seiten der als repressiv empfundenen Gesellschaft zu beenden, ließen Tote, Verletzte, aber auch Furcht und Unverständnis bei der breiten Bevölkerung zurück. Anlässlich des Bombenanschlages der Gruppe am 24. Mai 1972 auf das Hauptquartier der US-Landstreitkräfte in Heidelberg, bei dem drei Soldaten den Tod fanden, wurde Tage später eine bis dahin beispiellose bundesweite Fahndungsaktion durchgeführt. Horst Herold, seit Herbst 1971 neuer Präsident des Bundeskriminalamtes in Wiesbaden, erinnerte sich später an den hohen Grad an Identifikation zwischen Bürger und Polizei: »Man kann sich heute gar nicht mehr vorstellen, wie tief der Schock über die Attentate gesessen hatte.«[4]

Gleichzeitig versuchte Herold aber auch, den Ursachen und Gründen für den Terrorismus nachzuspüren und stieß damit auf den entscheidenden Aspekt der gesellschaftlichen und politischen Verhältnisse, auf die auch in der vorliegenden Arbeit zur Untersuchung der Gründe für Meinhofs Weg immer wieder eingegangen werden soll und muss. Sie sollen zeigen, dass hinter dem Schritt der Journalistin weit mehr stand als Wut und Enttäuschung und die simple Bereitschaft, Bomben zu werfen.

Im Rahmen eines Forums während des späteren Stammheimer Verfahrens gegen die RAF-Gründungsmitglieder hatte Herold gesagt: »Die erste Frage ist, ob der Terrorismus in seinen Erscheinungsformen in Deutschland [...] Produkt der Hirne der Täter ist, der Baaders, der Meinhofs, ein Produkt der kranken Hirne, [...] oder ob der Terrorismus eine Widerspiegelung gewisser gesellschaftlicher Situationen [...] ist, so dass der Terrorismus im Überbau lediglich die Probleme reflektiert, die objektiv bestehen. Dabei wäre zu erörtern, wer dann vorrangig den Terrorismus zu bekämpfen hat – die Polizei oder die Politik. Meiner Meinung nach sind es die politischen Mächte, die die Verhältnisse zu ändern haben, unter denen Terrorismus entstehen kann [...]. Dann nützt es nichts, auf Köpfe einzuschlagen oder, wie es manche fordern, Köpfe abzuschlagen, sondern dann gilt es, auf die historischen Ursachen [...] einzuwirken [...].«[5]

Die vorliegende Arbeit soll aber auch die Ambivalenz in der Entwicklung von Ulrike Meinhof zur Terroristin aufzeigen: Von Beginn an verneint die Pazifistin Gewalt, selbst – wie sich zeigen wird – wenige Wochen vor der Befreiung von Andreas Baader noch. Sie erkennt, dass der progressivste Gedanke hinfällig wird, sobald versucht wird, ihn mittels Gewalt durchzusetzen. Nichts scheint, trotz einiger Statements zur Gewaltanwendung, bis zum 14. Mai 1970 dafür zu sprechen, dass sich die Journalistin dazu entschließen könnte, an Terroranschlägen gegen Repräsentanten des Staates mitzuwirken, und doch tut sie dies wenig später. Andererseits war die Kolumnistin aufgrund ihres Elternhauses schon frühzeitig für jede Form von politischer und sozialer Ungerechtigkeit sensibilisiert.

Anhand des Vergleichs von Publikationen aus Meinhofs *konkret*-Zeit, einigen Texten, die sie für die RAF schrieb, und sozialkritischen Veröffentlichungen, insbesondere über Heimzöglinge, soll herausgearbeitet werden, wo möglicherweise eine Verhärtung ihres Standpunktes eingetreten ist. Ebenso wird auf die frühen Statements und Aktivitäten Meinhofs im Hinblick auf die Anti-Atombewegungen in Westdeutschland vorwiegend in den 50er Jahren Bezug zu nehmen sein.

Am Anfang soll die Herausarbeitung ihres Engagements während der 50er Jahre stehen. Danach sollen *konkret*-Kolumnen aus zehn Jahren zur Untersuchung herangezogen werden. Meinhofs sozialer Anspruch und ihre Themenschwerpunkte sollen so zum Ausdruck kommen. Da Ulrike Meinhof in späteren RAF-Publikationen noch einmal Bezug nimmt auf politische Ereignisse in der Bundesrepublik in den 60er Jahren und damit in Ansätzen selbst die Gründe für ihr Handeln anführt, sollen auch diese Schriftstücke auszugsweise betrachtet werden.

Als immer wiederkehrendes Moment in der Argumentation von Ulrike Meinhof wird auch auf die Thematik des Faschismus einzugehen sein. Die Meinhof'sche Interpretation dieses Begriffes und wer ihn in ihren Augen verkörperte soll im ersten Abschnitt des zweiten Kapitels zum Ausdruck kommen. Eine Begriffsverwirrung ob des häufigen Gebrauchs dieses Terminus' soll so vermieden werden.

Wo und wann kritisiert und verneint Ulrike Meinhof bewaffneten Kampf gegen den Staat, wann gibt es für sie keinen Weg mehr zurück, wie ist letztlich ihr Verhältnis zu Andreas Baader und Gudrun Ensslin und wo manifestieren sich – auch kurz vor ihrem Freitod 1976 – mögliche Zweifel an ihrer Vorgehensweise und der Roten Armee Fraktion?

Erwähnt sei noch der Hinweis, dass der Zugriff auf das dieser Arbeit zugrunde liegende Thema in erster Linie politisch und nur zu Teilen historisch und psychologisch erfolgte. Zur herangezogenen Literatur ist zu sagen, dass für die Untersuchung der Gründe überwiegend auf Meinhofs eigene Publikationen zurückgegriffen wurde. Auf Sekundärliteratur wurde in begrenzterem Maße Bezug genommen. Dies geschah zum einen, da zum Zeitpunkt des Entstehens dieser Untersuchung relativ wenig Sekundärliteratur explizit über Ulrike Meinhof vorlag, zum anderen, um sich der Problematik unvoreingenommen nähern zu können.

Ein Fazit von Meinhofs terroristischem Kampf soll am Ende der Untersuchung stehen. Auch sollen ihre ursprünglichen politischen Ziele und Ideale herausgestellt werden, die zu verwirklichen sie schließlich kriminell werden und letztlich scheitern ließ und deren Realisierung, wie sich zeigen wird, die politische Wirklichkeit in der Bundesrepublik entgegenstand.

1. Kapitel:
Erste Engagements von Ulrike Meinhof gegenüber den bestehenden Verhältnissen und für Frieden und Abrüstung

1. Gegen Wiederbewaffnung und atomare Bedrohung in der Republik Adenauer

Im Jahrzehnt nach Ende des Krieges beherrscht die Frage der Wiederbewaffnung die politische Diskussion. Bundeskanzler Konrad Adenauer schwebt von Anfang an ein militärisch starkes Westdeutschland mit enger Bindung an die USA vor. Entsprechend einigt er sich im August 1950 in einer geheimen Absprache mit den Westalliierten darauf, eine westdeutsche Armee aufzubauen. Davon erfährt die Bundesregierung jedoch erst aus der Presse.

Die Folge ist, dass Gustav Heinemann, CDU-Mitglied und Innenminister, aus Protest gegen die Vorgehensweise zurücktritt. Auch die Mehrheit der Bevölkerung ist gegen eine neue Armee.[6] Kirchen und Gewerkschaften äußern ihren Widerstand gegenüber den Rüstungsplänen. Demonstrationen und Kundgebungen sind die Folge.

Bereits 1952 gibt es einen Toten bei Demonstrationen gegen die Adenauer'schen Wiederaufrüstungspläne. Die SPD schwankt in der Frage der Wiederbewaffnung.[7] 1955 stimmt sie schließlich für die allgemeine Wehrpflicht und gibt damit den jahrelangen Kampf gegen die Wiederbewaffnung auf. Im Mai 1955 tritt die Bundesrepublik formell in die NATO ein und im Januar 1956 werden die ersten jungen Männer zur Bundeswehr eingezogen. Im selben Jahr wird auch die KPD verboten. Ein zufälliges zeitliches Zusammentreffen, das jedoch für einige Oppositionelle Symbolkraft gehabt haben dürfte.

Ulrike Marie Meinhof, geboren am 14. Mai 1934 in Oldenburg und Tochter eines Kunsthistorikers, studiert zu dieser Zeit in Marburg Psychologie, Pädagogik und Kunstgeschichte. Die »Göttinger Erklärung« vom 12. April 1957, in der namhafte Atomwissenschaftler vor den Gefahren einer atomaren Aufrüstung warnen, wird richtungweisend für sie.

Mario Krebs schreibt in seiner Biografie über Ulrike Meinhof: »Einmal davon überzeugt, dass etwas Unrechtes geschieht, sucht sie nach Wegen, etwas dagegen zu tun.«[8]

Schließlich ist Meinhof schon frühzeitig mit der Thematik des Widerstandes in Berührung gekommen. Ihr Vater stand den Nazis ablehnend gegenüber. Kurz vor Kriegsende boten Ulrike Meinhofs Mutter und Renate Riemeck, eine Freundin der Mutter, einer illegalen Widerstandsgruppe Hilfe an. Schon früh bekommt das junge Mädchen mit, dass Menschen mit anderer politischer Meinung verfolgt und bedroht werden, die Mehrheit aber offenbar nichts dagegen unternimmt. Deshalb ist für sie der 8. Mai 1945 letztendlich ein Tag der Befreiung.[9] Vor allem ist ihr aber klar geworden, dass der Nationalsozialismus – und damit Unrecht gegen politisch und religiös Andersdenkende – von der Mehrheit der Deutschen geduldet, teils bejubelt oder stumpf ertragen wurde. Diese Überzeugung wird sich auch später wie ein roter Faden durch sämtliche Publikationen ziehen.

Bezeichnend ist, dass ihr mehr als ein Jahrzehnt später in einem *SPIEGEL*-Leserbrief »linker Faschismus« vorgeworfen wird, ihr, die sie zeitlebens einen neuen Faschismus um jeden Preis zu verhindern suchte.

1957 gewinnt die CDU die Bundestagswahlen und das auch, weil die SPD den Punkt »Wiederaufrüstung« im Wahlkampf peinlichst mied.

Renate Riemeck, die nach dem Tod von Ulrike Meinhofs Mutter die Vormundschaft für Ulrike und deren Schwester übernommen hat, macht sich ebenfalls für die Schaffung einer atomwaffenfreien Zone in Mitteleuropa stark. Sie fordert außerparlamentarische Aktionen gegen die Atombewaffnung.

Inzwischen hat auch sie Zweifel an der Ernsthaftigkeit der SPD. Bereits im Dritten Reich gilt Riemeck als jemand, der selten ein Blatt vor den Mund nimmt, vor allem wenn es um Politik geht. 1955, als die SPD für die allgemeine Wehrpflicht stimmt, verlässt sie die Partei. In der Aufrüstung sieht sie die Gefahr einer Eskalation des Kalten Krieges. Riemeck plädiert für die Anerkennung der Oder-Neiße-Linie und ist kategorisch gegen die Adenauer'schen Aufrüstungspläne, was ihr heftige Kritik einbringt. 1959 wird gegen sie ein Disziplinarverfahren vom nordrhein-westfälischen Kultusministerium wegen ihrer Reden auf mehreren Anti-Atomtod-Kundgebungen eröffnet und ein Jahr später entzieht man der Pädagogin die Prüfungsberechtigung.

Zur selben Zeit beschließt man, die Politik der Anti-Atomtod-Bewegung durch Gründung einer Partei fortzusetzen. 1961 wird Riemeck eine der Vorsitzenden der neu gegründeten Deutschen Friedensunion (DFU). Ihr Friedensengagement und ihre politische Anschauung werden prägend für Ulrike Meinhof, die wiederum ihre Pflegemutter bewundert.

1957 sprechen sich mehr als 80 Prozent der Bürger gegen eine Stationierung atomarer Waffen auf bundesdeutschem Boden aus.[10] Am 25. März 1958 stimmt der Bundestag jedoch den NATO-Beschlüssen zu, nach denen in der Bundesrepublik nun Mittelstreckenraketen und Atomsprengköpfe stationiert werden sollen. Aber noch immer lehnen große Teile der Bevölkerung die Atomwaffen ab.[11] Deshalb kommt es zu Arbeitsniederlegungen und Kundgebungen. In Frankfurt wird die Kampagne »Kampf dem Atomtod« gestartet. Davon beflügelt, beschließt auch Ulrike Meinhof, etwas zu tun. In Münster ruft sie zur Gründung des »Arbeitskreises für ein kernwaffenfreies Deutschland« auf. Schon früh zeigt sich also wieder die Ernsthaftigkeit, die Verpflichtung und Verantwortung, die sie empfindet. Ihr Credo lautet auch später immer wieder: Klar Position beziehen für oder gegen etwas und wenn man dagegen ist, nach Lösungsmöglichkeiten suchen und sie *realisieren*.

Als die münstersche Universitätsleitung im Mai dem Arbeitskreis untersagt, eine Kundgebung abzuhalten, reagiert Ulrike Meinhof mit einem »Brief an die Studentenschaft«:

»Man sagt uns, der Protest gegen die atomare Aufrüstung sei demokratisch illegal (...) und dass unser Parlament repräsentativ sei für die Mehrheitsverhältnisse des Volkes. Was aber ist, wenn das Parlament in einer lebenswichtigen Frage nicht mehr die Meinung des Volkes repräsentiert?

Da gibt es nur zwei Antworten: Entweder wir schweigen, wir geben zu, dass wir nicht mehr demokratisch regiert werden. Oder aber wir sprechen und treten für das, was an Verantwortung auf uns liegt, ein.«[12]

Am 20. Mai 1958 – Meinhof ist inzwischen in den SDS, den Sozialistischen Deutschen Studentenbund, eingetreten – findet auf dem Hindenburgplatz in Münster eine Kundgebung statt, anschließend ein Schweigemarsch.

Erste journalistische Versuche unternimmt Meinhof in der kleinen Streitschrift *argument,* die sie mit Jürgen Seifert, einem Studienkollegen 1958 in Münster, zusammen herausgibt. Bereits hier, so Krebs in der Biografie, greifen Fakten, Hintergrundanalyse und Polemik in ihren Publikationen ineinander.

Immer wieder kämpfen die Herausgeber in ihren Schriften gegen die Verharmlosung der Atombewaffnung an. Als Ohrfeige empfindet besonders Ulrike Meinhof die Wiederaufrüstung und die Rechtfertigungsversuche der Regierung gegenüber der auf Entspannung setzenden Sowjetunion: »[...] wir müssen wissen, dass der ›potenzielle Gegner‹ keine ›sauberen‹ Vernichtungsmittel hat; er kann sie auch nicht entwickeln, denn er hat seine Kernwaffenversuche eingestellt.«[13]

Radikale Positionen trägt sie allerdings in dieser frühen Phase besonnen vor.

Anfangs sind Ulrike Meinhofs Aktivitäten auf moralische Empörung gegenüber der atomaren Aufrüstung zurückzuführen. Renate Riemeck schreibt dazu: »Sie konnte moralisch auf die Barrikaden gehen.«[14] Meinhof selbst formuliert dies so: »Wir glauben, dass der Mensch in *jeder* Situation, unter *jedem* System, in *jedem* Staat die Aufgabe hat, Mensch zu sein und seinen Mitmenschen zur Verwirklichung seines Menschseins zu helfen.«[15]

Der münstersche Arbeitskreis hatte jedoch mit einigen Schwierigkeiten zu kämpfen. So wurde er stets schnell als »moskauhörig« beschimpft.[16] Denn die reellen Folgen atomarer Vernichtungswaffen zählten für deren Befürworter nicht beziehungsweise weitaus weniger als die Bedrohung durch den Feind schlechthin, den »gottlosen Bolschewismus«. Wer in einem Seminar oder während einer politischen Veranstaltung ein Statement abgab, das links von der Mitte oder sogar marxistisch war, tat gut daran, sich von vornherein deutlich vom Kommunismus und den »Ostzonenmachthabern« zu distanzieren.[17]

Im »Brief an die Studentenschaft« bringt Meinhof ihr tiefes Unverständnis über diese Tatsache zum Ausdruck:

»Ich selbst muss ehrlichen Herzens sagen, wer eine russische Diktatur mehr fürchtet als einen Atomkrieg, den wird niemand daran hindern können, in einem solchen Fall Selbstmord zu begehen; mich aber und Millionen andere soll er leben lassen und die Sünde des Selbstmordes nicht durch die Sünde des Kollektivmords unter der Bezeichnung ›Schicksal‹ beschönigen.«[18]

In Meinhofs Augen und denen ihrer Weggefährten dient der Antikommunismus der Regierung als Begründung für die Rüstungspolitik und verschärft den Ost-West-Gegensatz bis hin zur latenten Kriegsgefahr. Meinhof habe, so Jürgen Seifert, damals geglaubt, ihre Generation sei auf ähnliche Weise herausgefordert, wie ihre Eltern es gewesen seien. Renate Riemeck dazu: »Man weicht nicht zurück, das war ihre Überzeugung.«[19]

Meinhof selbst bezeichnet die Vorgehensweise der Befürworter einer atomaren Aufrüstung als »weitgehend von faschistischer Mentalität bestimmt«.[20] Sie spricht bereits zu dieser Zeit von geistiger Aushöhlung der Demokratie sowie faschistischem und rechtsradikalem Terror. Ossip K. Flechtheim versucht im Rückblick, das politische Klima der 50er Jahre auf einen Nenner zu bringen: »Das Klima dieser [Adenauer-]Republik war ausgesprochen konformistisch und provinziell; in diesem Pseudo-Biedermeierstaat erschien jeder frische Wind als lebensbedrohender Orkan.«[21]

Riemeck wird währenddessen zu Verhören vom polizeilichen Staatsschutz zitiert – wegen persönlicher Kontakte zu DDR-Bürgern. 1958/59 schreibt Meinhof: »Wie soll dieser Staat enden, in dem der Maßstab für die Integrität eines Parteimitglieds nicht die demokratische Gesinnung, nicht das Verhältnis zur deutschen Vergangenheit ist, sondern die Zustimmung zur Bonner Atomrüstung und zur Anschaffung von Massenvernichtungsmitteln?«[22] Sie befürchtet zudem, die personelle Kontinuität von ehemaligen Nazi-Größen könne sich auch in politischen Entscheidungen niederschlagen.

Die Justiz hat zu dieser Zeit 800 ehemalige Nazis als hohe Richter und Staatsanwälte in ihren Reihen. Vierzig ehemalige NSDAP-Mitglieder bekleiden hohe Ämter beim Bundesverwaltungsgericht und auch bei der Polizei und dem Verfassungsschutz sind etwa 300 Nazis in leitenden Positionen.

Sie verleiht ihren Befürchtungen Ausdruck:

»Die Handlanger der nationalsozialistischen Schreckensherrschaft werden ihr Veto nicht erheben, wenn es um die Wiedereinführung der Todesstrafe für ›landesverräterische Elemente in Notzeiten‹ geht. Sie werden ihre Stimme nicht erheben, wo es um Pressefreiheit, um den (von Adenauer geplanten) Bundesrundfunk und das Bundesfernsehen geht. [...] Der Großmachtstraum wird [...] geträumt [...] in Gestalt einer westdeutschen Atomgroßmacht. [...] Der Führerkult findet seinen Ausdruck [...] im Vertrauen auf den ›einsamen Weg‹ des Kanzlers, der in seiner patriarchalischen Güte alles zum Besten wenden wird.«[23]

Am 3. Januar 1959 findet in Berlin ein Studentenkongress gegen die atomare Rüstung statt, der einen Vorstoß in Richtung Entspannungspolitik bedeutet. Auf der Veranstaltung sprechen so Prominente wie der Theologe Helmut Gollwitzer, der im Übrigen mit Ulrike Meinhofs Vater Werner bereits im Dritten Reich konspirative Kontakte gehabt hatte. Gollwitzer hatte unter Dietrich Bonhoeffer und Karl Barth der Bekennenden Kirche angehört.

2. Ulrike Meinhofs Weg zu *konkret*

Die in Hamburg erscheinende linksgerichtete Studentenzeitung *konkret* will die Impulse der Anti-Atomtod-Bewegung in politische Bahnen lenken, sie politisieren. Die Redakteure um deren Chefredakteur und Herausgeber Klaus Rainer Röhl gelten als Kommunisten. Seit 1957 heißt der vormalige Studentenkurier dann *konkret*. Das Blatt druckt regelmäßig die Stellungnahmen der studentischen Ausschüsse, berichtet über deren Aktionen und unterstützt die Aktivitäten mittels Artikeln, Interviews und Sonderdrucken. Mehrere *konkret*-Mitglieder sind gleichzeitig Delegierte ihrer jeweiligen Anti-Atomtod-Ausschüsse, womit der Eindruck erweckt wird, es handele sich bei *konkret* um das offizielle Sprachrohr der studentischen Atomwaffengegner.

Ulrike Meinhof schreibt an Jürgen Seifert: »Sie haben einen guten Blick für das ›Konkrete‹ und arbeiten in einer Weise für die Sache – und nicht für sich –, die mir Respekt einflößt. Im Übrigen habe ich keinerlei Sorge, dass sie uns ›benützen‹ könnten, das passt gar nicht zu ihrer politischen Linie.«[24]

Aber nicht nur Meinhof ist von dem Blatt angetan, viele der Studenten sind von ihm begeistert. *Konkret* polemisiert im Hinblick auf die treue Bindung Westdeutschlands an die Vereinigten Staaten von Amerika, ist gegen Wiederaufrüstung und atomare Bewaffnung, versucht, den »verordneten« Antikommunismus ins Lächerliche zu ziehen und verweist auf die veränderte Realität, sprich die Existenz eines zweiten deutschen Staates. Die Zeitung pflegt einen avantgardistischen Stil und ihre Titelbilder provozieren. *Konkret*, so Mario Krebs, habe zwischen allen politischen Stühlen gesessen.[25]

Als Geldgeber für das Blatt fungiert die KPD. Trotzdem gibt es Platz für eine kritische Berichterstattung über die Zustände im Osten.

Im Sommer 1958 wird Ulrike Meinhof die Mitarbeit bei *konkret* angeboten und sie nimmt an, zumal sich das politische Klima innerhalb der Anti-Atomtod-Bewegung verändert hat. SPD- und DGB-Vertreter ziehen sich nach und nach aus den Ausschüssen zurück. Der Parteivorstand der SPD scheut vor weiteren außerparlamentarischen Aktionen zurück, da keine potenziellen Wähler verschreckt werden sollen. Große Teile des SDS, die *konkret*-Leute und andere Weggefährten aber wollen verhindern, dass die Bewegung im Sande verläuft. Meinhof, die als ernsthaft gilt und an sich und andere höchste Ansprüche stellt, ist zuversichtlich und in einer Art Aufbruchstimmung. Sie beginnt mehr und mehr, ihre politische Heimat bei *konkret* zu sehen.

1959 fordert Meinhof mit einer Gruppe von *konkret*-Leuten unter anderem die Abschaffung der allgemeinen Wehrpflicht. Der SDS-Bundesvorstand kritisiert allerdings scharf, dass nicht auch eine Reduzierung der DDR-Streitkräfte gefordert wird. Die Wege – auch von Meinhof und Seifert – beginnen sich zu trennen. Fraktionelle Auseinandersetzungen im SDS führen zur Spaltung von SDS und *konkret*-Redaktion, nachdem eine gleichzeitige Mitgliedschaft im SDS und in der *konkret*-Redaktion vom SDS-Bundesvorstand für unvereinbar erklärt worden ist. Ulrike Meinhof fühlt sich nun erst recht *konkret* verpflichtet.

Danach tritt sie der illegalen KPD bei, der sie fünf Jahre angehören wird. Genossen, die zwischen der illegalen Parteileitung in Ost-Berlin und der kleinen KPD-Zelle bei *konkret* den Kontakt halten, haben entweder persönlich am Widerstand gegen Hitler teilgenommen oder stammen aus antifaschistischen Familien und die angehende Journalistin ist von Menschen, die mit ihrer Biografie für ihre Überzeugung eintreten, tief beeindruckt – eine Vorgehensweise, die sie später selbst praktizieren soll, missachtend, ob dabei Menschen zu Schaden kommen. Für Meinhof ist der Beitritt zur KPD ein Akt der Solidarität.

Im Oktober 1959 veröffentlicht sie ihre erste *konkret*-Kolumne. Anfang 1960 wird sie Chefredakteurin. Röhl und Meinhof wollen aus *konkret* eine Zeitung für Literatur und Politik machen, für das Spektrum der linksliberalen Intelligenz in Kunst und Kultur, Publizistik und Politik.

2. Kapitel:
Engagement gegen Faschismus und Notstandsgesetze und Aufstieg zur arrivierten Journalistin

1. Ulrike Meinhof und die alles beherrschende Thematik des Faschismus

Geprägt ist Ulrike Meinhof zeitlebens vom Thema Faschismus. Bereits während ihrer Kindheit kommt sie mit dem Komplex in Berührung. Die Folge ist, dass für sie fortan das Bestreben vorherrschend ist, ein Wiederaufkommen des Faschismus zu verhindern. Der 8. Mai 1945, der Tag der Kapitulation Hitlerdeutschlands, stellt für sie ein bedeutendes Datum dar. Sie empfindet diesen Tag als Befreiung, an dem die Zeit der Lüge und des Schreckens endlich vorbei ist.[26]

Von da an wird für sie zu einem zentralen Thema das Versagen der Elterngeneration und Großelterngeneration im Dritten Reich. Am 8. Mai 1961 wird sie in einer Publikation schreiben: »Wie wir unsere Eltern nach Hitler fragen, werden wir eines Tages nach Herrn Strauß gefragt werden.«[27]

Ein Jahr später notiert sie in *konkret* angesichts der Wiederherstellung der personellen Verhältnisse des Dritten Reiches unter anderem in der Justiz:

»Aber den Beamtenstab hat die Bundesrepublik [...] vom Faschismus übernommen, die Bundeswehr Offizieren unterstellt, die nach Alter und Reife notwendigerweise unter Hitler marschiert sind, die Lehrerschaft behalten, die schon mit deutschem Gruß den Unterricht eröffnet hatte.«[28]

Klar wird, dass Meinhof in diesem Zusammenhang zweierlei befürchtet und anklagt: dass Nazi-Richter und andere hohe Beamte wieder eingestellt wurden und diese auf die Erziehung der neuen Generation mit einwirken und dass damit möglicherweise eine neue faschistisch geprägte Gesellschaft entsteht beziehungsweise das faschistisch geprägte Denken fortbesteht.

Neben der Tatsache, dass ehemalige Nazi-Größen voll rehabilitiert und wieder in Amt und Würden waren, zahlte die Bundesrepublik den einst aktiven Nationalsozialisten in der Regel stattliche Pensionen. Auf der anderen Seite wurden Kommunisten für während der Nazizeit erlittene Verfolgungen nicht entschädigt.

Die Angst, eine neue Katastrophe nicht verhindert zu haben, ist stets gegenwärtig und ein beherrschendes Thema im Denken Ulrike Meinhofs. Als Kind verhält sie sich schon so, dass ihr späteres Engagement für Heimkinder beziehungsweise Benachteiligte verständlich erscheint. Sie habe die Schwachen beschützt und sich mit den Starken herumgebalgt, so Mario Krebs.[29] Ihr Gerechtigkeitssinn sei stark ausgeprägt gewesen. Sie lief allerdings auch Gefahr, ausgenutzt zu werden. Privat und politisch sei sie beharrlich gewesen und treu.[30] Ihrer einmal gewonnenen Überzeugung sei sie bis zum Radikalen treu geblieben. Durch den frühen Tod der Mutter sei sie zudem früh selbstständig gewesen.

In »20 Jahre ohne Attentat« beklagt sie 1964 in *konkret* die erneute Kommunistenverfolgung. Außerdem sieht sie Parallelen in der Judenvernichtung und der atomaren Bedrohung: »Es ist an der Zeit, zu begreifen, dass die Vergasungsanlagen von Auschwitz in der Atombombe ihre technische Perfektion gefunden haben [...].«[31] Das Comeback eines Franz Josef Strauß, so Meinhof, sei aber noch nicht die Stunde des politischen Attentats.

Bezeichnenderweise wird hier Gewalt als Mittel zur Veränderung offenbar in gewisser Weise legitimiert und entfernt ins Kalkül gezogen, wenn auch nur unterschwellig.

Deutliche Worte findet sie auch hinsichtlich des Prozesses gegen Karl Wolff, den persönlichen Adjutanten des Reichsführers-SS Heinrich Himmler, den General der Waffen-SS und den Verbindungsmann zwischen Himmler und Hitler: »[...] dass aber die Prüderie gegenüber der Brühne[32] mehr Gift produzierte als die Abneigung gegen die mutmaßlichen Verbrechen eines Karl Wolff, ist beklagenswert, weil naiv und in jeder Hinsicht unaufgeklärt.«[33]

Später tituliert die RAF die Bundesrepublik als faschistischen beziehungsweise faschistoiden Staat.

Der hannoversche Ordinarius Peter Brückner zieht jedoch in seinem Buch über *Ulrike Meinhof und die deutschen Verhältnisse* einen ebenso signifikanten wie treffenden Schluss, indem er sagt, dass die Deutschen nach dem Zweiten Weltkrieg in einer Gesellschaft lebten, die den Faschismus hervorbringen *könne*, ihn auch schon einmal hervorgebracht habe, aber deswegen nicht automatisch faschistisch *sei*. Gewalt sei nicht gleich Faschismus, was es im Denken von Ulrike Meinhof offenbar war. Ihr gesamtes Denken war bestimmt vom Faschismus, was dazu führte, dass ihre Fähigkeit zur Analyse schließlich völlig versagte.

2. Der lange Kampf gegen die Notstandsgesetzgebung

Versucht man, die Beweggründe zu analysieren, die die etablierte und reflektierende Kolumnistin zusammen mit wenigen anderen zwischen 1970 und 1972 den gesamten Machtapparat der Bundesrepublik herausfordern ließen, darf die Geschichte der Notstandsgesetzgebung nicht unerwähnt bleiben. Denn sie trug zu einem guten Teil dazu bei, dass Ulrike Meinhof schließlich am bundesrepublikanischen System verzweifelte. Schlummerte doch nach ihrer Überzeugung in den Plänen für eine derartige Gesetzesregelung von Beginn an die Gefahr eines regelrechten Notstandsstaates. Diese Pläne zu verhindern, war somit von Beginn der Debatte an eines ihrer erklärten Ziele.

Anfang 1960 kommentiert die Kolumnistin in »Notstand? Notstand!« einen Gesetzesentwurf hinsichtlich der Notstandsgesetze, indem sie einen Vergleich zwischen dem Notstandsgesetz, Bismarcks Sozialisten- und Hitlers Ermächtigungsgesetz zieht und bilanziert: »[...] die Demokratie ist abgetrieben. [...] Das Ja zum Grundgesetz, das Ja für den Bestand und die freiheitliche demokratische Grundordnung der Bundesrepublik ist das Nein zur Notstandsgesetzgebung der Bundesrepublik.«[34]

Zum Entsetzen von Meinhof soll die SPD ihren Widerstand gegen den Notstandsgesetz-Entwurf von 1960 immer weiter herunterschrauben, so dass die CDU/CSU

1968 die für die Grundgesetzänderung nötige Zweidrittelmehrheit bekommt. Der Vorstand der Partei erklärt seine Zustimmung schließlich damit, auf diese Weise Schlimmeres verhindern zu können.

Ulrike Meinhof hält das jedoch für Augenwischerei. Schließlich laufen die Notstandsverordnungen auf eine weitere Militarisierung und den Erhalt von Wehrpflicht und Waffen hinaus, weshalb sich Meinhof die Bekämpfung dessen auf die Fahne geschrieben hat.

Die Notstandsgesetzgebung sieht unter anderem den Einsatz der Bundeswehr bei inneren Unruhen und die Einrichtung eines Ausschusses anstelle von Bundestag und Bundesrat im Falle des Notstandes vor. Außerdem sollen Arbeiter und Angestellte beim »inneren Notstand« dienstverpflichtet und Gewerkschaften in »Krisenzeiten« verboten werden können.

1962 schreibt Meinhof in *konkret*: »Mit dem Notstandsgesetz wird das Grundgesetz geknackt, wie schlimm oder harmlos, wie christ- oder sozialdemokratisch auch immer.«[35]

Sie bemängelt ebenso die erlahmende Kritikbereitschaft der SPD-Führung hinsichtlich des Gesetzentwurfs: »[...] droht ein Ja auch dort zu erpressen, wo Nein gedacht und gefühlt wird.«[36] Die Stimmen der SPD, die noch vor zwei Jahren ein Notstandsgesetz für überflüssig hielten, seien verstummt und die Gegner von der Diskussion ausgeschlossen. Den Sozialdemokraten wirft sie einen Rechtsruck seit Godesberg vor, der die Linke jedoch nicht aufgerieben, sie aber aus dem Parlament – zugunsten einer vollkommenen Konformität desselben – verdrängt habe. Das Jahr der Währungsreform und Berliner Blockade, als das Grundgesetz entstand, sei durchaus nicht ein Jahr politischer Naivität und Illusionen gewesen. Wolle man also aus Weimar und seiner Ablösung durch den Faschismus lernen, so bedürfe es anderer Mittel zum Schutz der eigenen Demokratie als jener, die versagt hätten. Mittels Ausnahmeartikeln, so Meinhof, sei in Deutschland schon zu viel Schindluder getrieben worden, zu viel ermöglicht anstatt verhindert worden. Sie erhebt den Vorwurf, dass Schutz der Demokratie allzu schnell Schutz vor unbequemen Geistern bedeute.

Zwei Jahre später wird aber eine positive Zwischenbilanz hinsichtlich der Notstandsdebatte gezogen: »Unser Erfolg besteht in sechs Jahren verhinderter Notstandsgesetzgebung.«[37]

Im selben Jahr wird die SPD als das »geringere Übel« bezeichnet. Die Tatsache, dass die SPD ihrer Herkunft nach eine Arbeitnehmerpartei ist, habe sie bis dato nicht verleugnet und immer die Interessen der Arbeitnehmer gegen die mehr unternehmerisch orientierte Politik der CDU verteidigt. Die SPD sei somit eine Notwendigkeit.

In einer *konkret*-Kolumne aus dem Jahr 1962 klingen aber dann doch bereits ernsthafte Bedenken über den Kurs der SPD und ihr Versäumnis auf diesem Gebiet an:

»Noch 1959 durfte Walter Menzel, vormals Vorsitzender des Ausschusses Kampf dem Atomtod, [...] prinzipiell und grundsätzlich gegen ein deutsches Notstandsgesetz schreiben. [...] Das war 1959, als es im Schutz der SPD noch möglich war, öffentlich über eine deutsche Konföderation und den Abschluss eines deutschen Friedensvertrages zu diskutieren. [...] Erst in dem Augenblick, als die SPD sich der Außenpolitik der Bundesregierung anschloss, schloss sie sich auch der Forderung nach einem Notstandsgesetz an.«[38]

Zudem kritisiert Meinhof, dass mit dem SPD-Mitglied Wolfgang Abendroth der Chefideologe der Notstandsgegner aus seiner Partei ausgeschlossen wurde. Damit seien auch die Ansätze der Überwindung des Faschismus in der neueren deutschen Geschichte wieder gestrichen. »Von der Freiheit«, so Meinhof, »bliebe nur jene, für die Regierung zu sein, nicht gegen sie, jedenfalls nicht in Massen, nicht in harten Auseinandersetzungen, nicht in Streiks und Demonstrationen.«[39]

In der Kolumne »Notstand« äußert sie 1965 starke Zweifel an der demokratischen Integrität der CDU wie auch Sorge angesichts der Tatsache, dass sich die SPD der Politik der CDU in entscheidenden Punkten angenähert habe. In den Notstandsverhandlungen werde damit gegenwärtig die große Koalition vorweggenommen. Wirkliche politische Arbeit erkennt Meinhof nicht, sie spricht stattdessen von tagespolitischem Firlefanz. Deshalb appelliert sie, dass Studenten, Professoren und die deutsche Presse die notwendige außerparlamentarische Oppositionstätigkeit übernehmen sollen.

1966 wird die erste größere Notstandskampagne, der Kongress »Notstand der Demokratie«, von der IG Metall und dem SDS veranstaltet. Dabei macht sich die SPD für Veränderungen an den Entwürfen stark. Meinhof empfindet dies als einen großen Erfolg.

Hoffnung schöpft die Kolumnistin auch, als ein Jahr später der dritte Entwurf vorliegt. Es handelt sich dabei um einen von der SPD liberalisierten Entwurf der Notstandsgesetze: »Trotzdem haben die Gegner der Not-

standsverfassung Grund, sich ein bisschen zu freuen.«[40]
Was jetzt vorliegt, sei ein Kompromiss und ein Beispiel für
die Einflussmöglichkeiten einer außerparlamentarischen
Opposition. Die Proteste bezeichnet sie als massiv, in-
telligent und hartnäckig. Sie sieht in ihnen aber allen-
falls einen Teilerfolg, da ihre Bedenken ob einer weiteren
Fortschreitung der Konzentration im Pressewesen evident
sind. Demokratie, notiert sie, scheine den beiden an der
Koalition beteiligten Parteien keinen Spaß mehr zu machen.

In »Notstand-Klassenkampf« wird die enttäuschte Hoffnung mehr als deutlich, als sie schließlich 1968 – die Gewerkschaften haben sich bis zum Juni 1968 immer mehr
aus der Zusammenarbeit mit den Studenten zurückgezo-
gen, da sie einen Großteil ihrer Kritik bei den neuen Entwürfen berücksichtigt glaubten – die mageren Ergebnisse
von zehn Jahren Notstandsopposition kritisiert, die sich
in harmlosen Veranstaltungen, Schriftsätzen und verbalen
Kraftakten erschöpft hätten.

»[...] gleichzeitig und von der Bewegung gegen die Notstandsgesetze ganz ungehindert wuchs auch die Macht
der Gesellschaftsinhaber und nicht mal nur ihre wirtschaftliche Macht, auch ihre politische Macht, durch den
Eintritt der SPD in die CDU-Regierung. [...] Wir haben
gegen die Notstandsgesetze argumentiert, anstatt gegen
die Macht der Konzerne zu kämpfen, gegen die Ausdeh-
nung des Springerkonzerns, wenigstens für eine radikale,
umfassende Mitbestimmung.«[41]
Sie schließt sich selbst in die Kritik mit ein, bis jetzt
bei Weitem nicht genügend zur Verhinderung der Notstandsgesetzgebung getan zu haben, nicht die Notstands-

gesetze zum Gegenstand des Klassenkampfes gemacht zu haben.

Zahlenmäßig, so Meinhof, seien die Gegner stark genug, um etwas auszurichten, nur müsse die Chance endlich genutzt werden. Die Demokratisierung von Staat und Gesellschaft müsste jetzt das Ziel sein. Dies schaffe man aber nicht, wenn man sich nur gegen den Wechsel von der großen in die kleine Gefängniszelle wehre und darüber vergesse, den Ausbruch vorzubereiten.

Am 30. Mai 1968 werden die Notstandsgesetze schließlich von der Großen Koalition verabschiedet.

3. Mit Worten gegen die bestehenden Verhältnisse angehen – Zehn Jahre *konkret*-Kolumnen (1959-1969)

In ihren ersten Kolumnen für *konkret* macht sich Ulrike Meinhof bereits 1959 für eine Friedenspolitik der Großmächte und für atomare Abrüstung stark. Ihre Ziele sind ein gesamtdeutscher Friedensvertrag, Abrüstung, die Wiedervereinigung Deutschlands, eine Politik der Entspannung in Mitteleuropa und ein deutscher Beitrag zum Weltfrieden.

In der Kolumne »Der Friede macht Geschichte« äußert sie ihren Unmut über die bundesdeutsche Rüstungspolitik und schreibt von einem »hilflosen Störmanöver« Adenauers und Strauß' und einem »taktlosen« Benehmen angesichts der Tatsache, dass Strauß Studien von Waffen der Luftverteidigung betreibt.[42] Amerika wird als die Hochburg des kapitalistischen Westens bezeichnet. Chruschtschows allgemeine kontrollierte Abrüstungsvorschläge bedeuten für sie hingegen die endgültige Ausschaltung der Möglichkeit eines Krieges und den Gnadenstoß für die Ära des Kalten Krieges.

»Der Gegner wurde zum Partner; die Einsicht, dass es besser ist, *mit*einander zu leben, will man *über*leben, ist durchgebrochen; der Wille zur Verhinderung des Krieges hat gesiegt über den Unwillen gegenüber der Weltanschauung des Kommunisten.«[43]

Bezeichnenderweise lautet ihr Credo zu dieser Zeit noch: Zusammenarbeiten trotz unterschiedlicher politischer Gesinnung und zwar um der Sache willen. Die Begriffe »Gegner«, »Partner« und »Freund« koexistieren bei Meinhof. Es herrscht noch keine strikte Freund-Feind-Kategorisierung. Sie sieht sogar die Möglichkeit einer Abkehr der Amerikaner von ihrer Militärpolitik und spricht von der Demonstration Eisenhowers der Wende in der amerikanischen Politik.

Dennoch schreibt Meinhof aber auch 1960 schon: »[...] fest steht, dass die Tendenzen der bundesdeutschen Politik heute jede, weiß Gott jede Befürchtung rechtfertigen [...].«[44]

Die Kolumnistin bilanziert, dass die Zeichen der Zeit auf Abrüstung stünden, kritisiert aber auch den »quengelnden Bündnisbruder in Bonn«[45], der sich gegen eine zu starke Ost-Öffnung sträube. Die Verantwortung der Oppositionsparteien im Bundestag für das Schicksal Deutschlands und der Welt sei erneut gewachsen, so Meinhof. Sie schreibt außerdem von einem »friedlichen Zusammenleben der Nationen und Systeme«[46]: »In Camp David haben die Kräfte der Vernunft und der Menschlichkeit gesiegt. Die sie schwächen, stehen auf verlorenem Posten.«[47]

Erleichtert zeigt sich Meinhof angesichts der diplomatischen Offensive der Sowjetunion, die im Januar 1958 einsetzte. Zur selben Zeit wurde jedoch in der Bundesrepublik die Anti-Atombewegung durch das Karlsruher Urteil zur Volksbefragung stillgelegt und die Diskussion über eine kernwaffenfreie Zone in Mitteleuropa aus der politischen Auseinandersetzung verbannt.

In »Gipfelschatten westwärts« von Anfang 1960 plädiert sie für einen Ausgleich mit dem Osten, kritisiert aber »unsere anti-ostbeflissene Presse«[48]. Die Sowjetunion sei es hingegen, die an Glaubwürdigkeit gewinne, wenn sie jenen Teil ihres militärischen Potenzials verringere, der für die Besetzung fremder Länder vonnöten wäre. Deutschland sei aber nach wie vor ein Krisenherd und die Regierung bereite sich vor, »das bisschen Demokratie, das es hierzulande noch gibt, per Notstandsgesetze abzuschaffen [...].«[49]

Der Bundesrepublik wirft sie außenpolitischen Starrsinn vor und dass sie den Bundesbürger dumm gemacht habe. Sie schreibt: »Deutschland hat die Wahl zwischen einer konstruktiven Friedenspolitik und einer Politik, die sich erneut schuldig macht, nach zwei Weltkriegen und 12 Jahren Faschismus.«[50]

In »Warum eigentlich Friedensvertrag?« von 1961 prangert sie die Tatsache an, dass die deutsche Teilung nicht verhindert worden ist. In diesem Zusammenhang schreibt sie von der Schande, in die dieses Bonn die Bevölkerung geleitet habe, sowie von den Scherben, vor denen Deutschland jetzt stehe, angesichts der Tatsache, dass die Sowjetunion ihre Deutschland-Politik geändert und die deutsche Frage zur Sache der Deutschen erklärt habe.

»Wo gibt es eine Regierung, der es zur Ehre gereicht, die Probleme des eigenen Landes nicht gelöst zu haben?«[51]

Sie sieht kein Angebot, keine Bedingung, keinen Plan, keine Konzeption, keinen guten Willen Deutschlands in Richtung DDR zur Wiedervereinigung. Platz für Optimismus ist aber trotzdem noch: »Eine Annäherung beider deutscher Staaten *plus* Friedensvertrag wäre noch heute möglich. Aber es müsste endlich gehandelt werden [...].«[52]

In der Kolumne »Status quo Mauer« von 1962 macht Meinhof der Bundesregierung den Vorwurf, sie begünstige eine Verständigung nicht und wärme das Verhandlungsklima kaum an.[53] Sie kritisiert, dass eine diplomatische Offensive nur vonseiten des Ostens gekommen sei und nicht von westlicher beziehungsweise deutscher Seite. Ihre spürbare Enttäuschung über die gescheiterten Abrüstungs- und Wiedervereinigungsverhandlungen tritt zutage.

Das Entscheidende aber ist, dass sie keine Alternative sieht: »Es gibt in der Bundesrepublik gegenwärtig keinen starken Vertreter einer Alternativpolitik mehr, keinen, der verlockend, überzeugend, realistisch, positiv eine andere Politik propagieren könnte oder wollte.«[54] Denn: »Die Oppositionsgeste des ist angesichts seiner Konzeptionslosigkeit nur kokett.«[55] »Die deutsche Wiedervereinigung spielt im Jahre 1962 nicht einmal mehr propagandistisch eine Rolle.«[56] So sei es heute schwerer, Deutschlands Einheit wiederherzustellen, als gute Beziehungen zur Sowjetunion anzuknüpfen. Konrad Adenauer wirft sie vor, dass dieser faktisch nie Wert auf eine Wiedervereinigung gelegt habe. Zu loben bliebe dem Chronisten nur der gemäßigte Ton.

In dem Artikel »Kinder und Kanzler« schreibt Ulrike Meinhof von den zahllosen Entgleisungen, Taktlosigkeiten, Indiskretionen, Querschüssen und Alleingängen des Kanzlers Adenauer und nennt ihn einen »Parteidiktator«.

Sie macht aber auch der Opposition scharfe Vorwürfe:

»Aber selbst der Kanzler [...] hätte nie über den Schatten der Parlamentsmehrheit, seiner Partei und Minister springen können, wären diese nicht stets zur Seite getreten. [...] die Politik, die mit dem Namen Adenauer verbunden ist, ist seit der Mauer aussichtsloser, sinnloser geworden, als sie es vorher war.«[57]

Zwar kritisiert die Kolumnistin scharf, beobachtet genau und appelliert rigide, sämtliche Chancen zur Entspannung zu nutzen, wird aber auch nicht müde, Lösungsmöglichkeiten aufzuzeigen. Termini wie »Vernunft«, »Realismus« und »Intelligenz« kommen vor in diesem Artikel und das Prinzip des Dialogs wird grundsätzlich gutgeheißen. »Vermitteln statt verreißen, Gespräche begünstigen statt verhindern, good will machen und nicht schlechten [...].«[58]

In »Eine neue Linke« aus dem Jahr 1962 schöpft Meinhof

Hoffnung auf eine neue Opposition und in der Kolumne »Deutschland, deine Verächter« vertritt sie die Auffassung: »Schießenderweise verändert man nicht die Welt, man zerstört sie. Verhandelnderweise bringt man sie weiter, verhindert Zerstörung.«[59]

Der Tenor zielt in die Richtung, dass Mauern und Grenzen friedlich überwunden werden sollen. Zu ihren erklärten Zielen gehören nach wie vor die Abrüstung wie auch eine dauerhafte aktive Ostpolitik.

In der Kolumne »Franz Josef Strauß – Ein Deutscher Minister« wirft sie den Sozialdemokraten 1962 Anbiederung in Sachen Wiederaufrüstung, Wehrpflicht, NATO und Atomwaffen vor und kritisiert die Militanz des Denkens von Franz Josef Strauß. Scharf setzt sie sich mit der Außenpolitik Westdeutschlands auseinander: »Die Bundesrepublik ist auf dem Weg zum Militärstaat.«[60]

Im selben Jahr erklärt sie atomare Aufrüstung und Demokratie für unvereinbar.

Meinhofs Zuversicht darüber, dass die Protestmärsche etwas gegen die atomare Rüstung ausrichten können, wird in dem Artikel »Osterspaziergang 63« evident: »Um ein Land, in dem sich jährlich Tausende und Abertausende finden, die das Mittel des Gewaltmarsches nicht scheuen, um sich Gehör zu verschaffen, ist es noch gut bestellt.«[61]

Ihre Publikationen sind zwar deutlich in der Wortwahl, aber wohldurchdacht und lassen Spielraum für Dialoge. Vor allem aber ist nichts von Resignation zu spüren und es gibt in ihrem Denken nicht nur die beiden Kategorien Freund und Feind.

Anlässlich der Kennedy-Ermordung am 22. November 1963 in Dallas macht Ulrike Meinhof deutlich, dass sie es ablehnt, sich politisch auf den großen Bruder USA zu verlassen: »Es muss begriffen werden in Deutschland, dass unser Geschick in unseren eigenen Händen besser aufgehoben ist als in den Händen eines großen Bruders, der selbst Spielball ist von Ereignissen, die sich seiner Kontrolle entziehen. [...] Souverän handeln heißt handeln im Maßstab von fünfzig Millionen Deutschen, die überleben möchten [...].«[62] Und: »Man bleibt abhängig von dem, der die Bombe hat. Will man aus dieser Abhängigkeit heraus, muss man das militärische Spannungsfeld verlassen.«[63]

Sie plädiert für die Anerkennung der DDR zur Lösung der Deutschlandfrage.

Sachlich und gemäßigt ist ihr Ton auch in der Kolumne »Die Zivildienstfibel« aus der ersten *konkret*-Nummer des Jahres 1965: »Wir schlagen vor, dass unsere Regierung einmal anfängt, ihre Verantwortung ernst zu nehmen.«[64]

In »Ulbricht in Kairo« kommen aber erneut Meinhofs Ängste vor einer Ausrichtung der Politik in erster Linie auf die Rüstung zum Ausdruck. Das militärische Denken habe das politische, notiert sie, längst überwuchert.

Immer wieder propagiert Meinhof aber auch, jede Möglichkeit zur Abrüstung und zur Annäherung an die DDR wahrzunehmen, so auch in dem Artikel »Ende der Einheitsfront«: »Kaum ein Land hat eine so große Chance und hätte selbst dabei so großen Gewinn, der Welt ein Beispiel von Koexistenz vorzuführen, wie das geteilte Deutschland.«[65] Der Bundesregierung wirft sie stattdessen Torheit, Kurzsichtigkeit und Borniertheit vor.

Gegen den Krieg in Vietnam, in den die USA im Juli

1964 eingegriffen haben, wendet sich Ulrike Meinhof aufs Schärfste. Sie bezeichnet ihn als Rückfall der amerikanischen Außenpolitik in die Zeiten des Kalten Krieges und beschreibt eine neue Dominanz eines militanten Antikommunismus in der amerikanischen Außenpolitik.

Da Meinhof gegen einen generellen Aufbau von Streitkräften ist, sieht sie in dem Artikel »Gewerkschaften und Bundeswehr« die Bundeswehr als Staat im Staat. Daher folgert sie: »Es gibt keinen Grund, diese Situation auch nur im Geringsten optimistisch zu beurteilen.«[66]

Dass die Kolumnistin aber auch mit dem politischen Kurs der Opposition nicht völlig konform geht, macht sie in »Wahlen« unmissverständlich deutlich, appelliert jedoch an die Wähler, der SPD ihre Stimme zu geben, da sie sie für das kleinere Übel hält: »Guten Gewissens SPD wählen, sie trotzdem wählen, obwohl sie noch nie so schlecht war wie jetzt, noch nie so viel Grund gab, sie abzulehnen, in Bausch und Bogen, wegen der Notstandsgesetze, wegen ihrem anhaltenden Antikommunismus [...].«[67] Schließlich gelte es, die CDU einzudämmen. Insgesamt hätten die großen Parteien aus dem Wahlkampf ein schmutziges Geschäft gemacht. Chancen für eine wirkliche Veränderung nach der Bundestagswahl am 19. September 1965 sieht sie kaum.

Signifikant, da sachlich und objektiv, ist die Wortwahl in »Die Denkschrift«, in der sie die Stellungnahme der Evangelischen Kirche zur »Lage der Vertriebenen und das Verhältnis des Deutschen Volkes zu seinen östlichen

Nachbarn« analysiert: »Das alles, behutsam, sachlich, mutig und ehrlich vorgetragen, verdient Bewunderung, weil die Denkschrift mit Zustimmung des Rates der Evangelischen Kirche in Deutschland erschienen ist und man annehmen darf, dass weite Kreise der EkiD den Inhalt der Denkschrift bejahen.«[68]

In dem Artikel über den CDU-Kanzlerkandidaten Rainer Barzel kommentiert beziehungsweise porträtiert die Journalistin den Politiker als jemanden, der auf Kriegsfuß stehe mit Demokratie und Vernunft und der eine Politik propagiere, die außenpolitisch hochexplosiv sei und innenpolitisch auf die formierte, die gegängelte Gesellschaft ziele.

Was die Deutschlandpolitik und damit das Verhältnis zur DDR betrifft, freut sich Meinhof über jeden noch so kleinen Schritt der Annäherung. Mit »Politik der offenen Worte« überschreibt sie 1966 ihre Kolumne und spricht anlässlich eines Briefwechsels zwischen dem Parteivorstand der SPD und dem ZK der SED von der Politik der offenen Worte, die SPD und SED eingeleitet hätten. »Versachlichung aber wäre nach dem, was 17 Jahre lang zwischen der DDR und der Bundesrepublik gespielt wurde, selbst schon ein Stück Entspannung, es wäre der Spielraum, in dem neue politische Gedanken überhaupt erst entwickelt werden könnten.«[69] Selbst in der CDU gäbe es Einzelne, die die Zeichen der Zeit zu lesen fähig seien. Die Regierung Erhard allerdings sei hilflos.

Sie sieht weiterhin die Möglichkeit einer Entspannungspolitik: »[...] gibt es eine Hoffnung, dass sie [die SPD] den aufgenommenen Faden sinnvoll weiterspinnt: [...] es bleibt der SPD vernünftigerweise gar nichts anderes übrig, als mit der SED zu rechnen und zu reden.«[70]

In »Schlagabtausch oder Redneraustausch?« spricht sie der SPD zwar ab, eine antikapitalistische Partei zu sein, notiert aber, dass dies kein Grund sei, vor der in Sachen kapitalistischer Politik erfahreneren CDU zu kapitulieren. Auch hier klingen Ermunterung und die Motivation zur Veränderung zum Positiven durch.

Mit der Oppositionspartei geht Meinhof aber weiterhin hart ins Gericht. Sie beschönigt nichts und behauptet, die Partei sei nur noch formal eine Oppositionspartei, kollaboriere dagegen in fast allen politischen Sachfragen mit der Politik der Bundesregierung und helfe der Regierung in vielen misslichen Lagen, das Gesicht zu wahren. Politische Opposition in der Bundesrepublik sei zunehmend in Misskredit geraten und Kritik verpönt. Die Politik der Großen Koalition, am 1. Dezember 1966 unter Kurt Georg Kiesinger entstanden, ziele nicht auf eine regierungstreue Bevölkerung, sondern auf eine unpolitische. Regierungstreue stelle sich dann von selbst ein. Diese Bilanz, die Meinhof für sich zieht, lässt Ernüchterung erkennen und wirkt bereits in Ansätzen zynisch.

Als Überschrift für diese Kolumnen wählt sie den Titel »Joachim Fest oder die Gleichschaltung« in Anspielung auf die Entlassung von Joachim Fest, dem Leiter und Moderator der Fernsehsendung *Panorama*, in der am 4. Juli 1966 ein Beitrag gesendet worden war, dem eine sorgfältige und harte Kritik der Notstandsgesetzgebung zugrunde lag. Fünf Tage nach Ausstrahlung des Beitrages wurde Fest von seinen Aufgaben entbunden. Dies zeige, so

Meinhof, dass die Große Koalition den Einzelnen, der den Anschluss verweigere, in die Isolation treibe. Zudem sieht sie die Gefahr einer Entpolitisierung der Wähler. Und der Antikommunismus, schreibt sie, habe in der Bundesrepublik die Funktion des Antisemitismus der NS-Zeit abgelöst.

Explizit bringt Meinhof die Gefahr, die sie im Zusammenhang mit der Großen Koalition sieht, im Artikel mit dem gleichlautenden Titel zum Ausdruck: »Die SPD hat sieben Jahre lang auf die Große Koalition hingearbeitet und dass ihr erst jetzt die Chance in den Schoß fiel, ist nicht ihre Schuld. Sie wollte sich prostituieren, was ist dabei, dass sie es endlich tut?«[71] Als Grund für die Vereinnahmung der SPD führt Meinhof das Wirtschaftswunder an, das alle Bevölkerungsschichten in seinen Sog gerissen habe, so dass Interessengegensätze in Staat und Gesellschaft verschleiert werden konnten. Das daraus resultierende Gefühl der Zufriedenheit habe gegenüber den Regierenden vertrauensselig und lustlos zur Kritik gemacht. Die Notwendigkeit einer politischen Alternative sei offensichtlich nicht wichtig erschienen. Der überlegene westliche Lebensstandard habe keinen Zweifel an der Überlegenheit der herrschenden antikommunistischen Weltanschauung aufkommen lassen. Im Zusammenhang mit der SPD spricht sie von einem Rechtsruck der Partei, insgesamt vom Austricksen der Linken, der Umarmung der CDU und der Täuschung der Gewerkschaften. Denn man habe an den Erfolgen der CDU partizipieren wollen. Inzwischen, bemerkt sie, sei man zum Opfer des eigenen

Opportunismus geworden. »Die Situation wäre komisch, wenn sie nicht folgenschwer wäre.«[72]

Diese Formulierung lässt erkennen, dass sich die Kolumnistin noch immer mitverantwortlich fühlt für die politischen Gegebenheiten. Sie fürchtet allerdings eine weitere Verschlechterung der Situation und einen weiteren Rechtsruck: »Gewinnen aber wird diejenige Partei dabei, die gegenwärtig die einzige mit einer politischen Alternative ist, die einzige, die verspricht, alles ganz anders zu machen, die NPD, und es ist durchaus vorstellbar, dass schon 1969 ein Kanzler Strauß die CDU/CSU/NPD-Koalition führt.«[73]

Ihre Befürchtungen gehen so weit, dass Meinhof die Gefahr des Absterbens der parlamentarischen Diskussion auch in Funk- und Fernsehanstalten ins Auge fasst. Noch immer kommt aber auch Hoffnung auf ein Eingreifen der SPD zum Ausdruck.

Die Zielvorstellungen der Kolumnistin werden noch einmal konkretisiert: unter anderem eine Entspannung Richtung Osten, mehr DDR-Kontakte, mehr Passierscheinabkommen, mehr Bildung, weniger Notstandsgesetze.

In »Der Klärungsprozess« muss sich die SPD Anfang 1967 jedoch wieder harsche Kritik gefallen lassen: »Sie [die Opposition] hat nichts mehr zu verlieren, sie kann sich den Sand aus den Augen reiben.«[74]

Meinhof spricht vom Prozess der Ausschaltung der oppositionellen Kräfte und bezeichnet die Große Koalition als Vollzugsorgan einer formierten Gesellschaft. »Waren vorangegangene Regierungen nur indirekt und mit Zurückhaltung gewerkschaftsfeindlich, so ist es die jetzige offen. Ein erstaunlicher Vorgang.«[75]

Sie attestiert dagegen eine durch Kennedy und Chruschtschow in Ansätzen glaubwürdig gewordene Friedensstrategie der Großmächte.

Im selben Jahr werden jedoch auch Wut und Empörung über das harte Vorgehen der Polizei gegen die Demonstranten und teilweise gegen alle diejenigen, die für Studierende gehalten werden, deutlich:

»Noch ist es den Studenten in Berlin, Hamburg, Frankfurt, München und anderswo nicht gelungen, die Prügelaktionen der Polizei als Notstandsterror zu entlarven, wohl aber nutzte die Polizei die Gelegenheit, sich in Brutalität zu üben, einzuschüchtern, Übermacht knüppeldick zu demonstrieren. Die nahezu ungeschoren gebliebenen Gewalttätigkeiten der Polizei [...], die Verrohung, die da zu registrieren ist [...], darf sicherlich als Fingerübung für den Fall eines Notstands angesehen werden [...]. [...] dass weder das Fernsehen noch die Boulevardpresse das, was man für Studentenkrawalle hält, als Polizeikrawalle entlarvt hat [...].«[76]

Meinhofs Befürchtungen klingen an, dass selbst die Medien ihre Funktion nicht mehr erfüllen und ihr Gewicht, wenn es um die Wahrung von Demokratie und Menschenrechten geht, nicht mehr in die Waagschale werfen. Es ist durchaus wahrscheinlich, dass sie später zum bewaffneten Widerstand übergegangen ist, weil sie sich von der Tatsache verleiten ließ, dass die Polizei bewaffnet war und davon bei den Studentenunruhen rigoros Gebrauch gemacht hat. Sie glaubte daher, dass man mit gleichen materiellen Mitteln kämpfe müsste, und sie verlor dabei den »richtigen« respektive gewaltfreien Weg aus den Augen, in dem Irrglauben, anders nichts zu erreichen.

In der Kolumne »Napalm und Pudding« findet Meinhof deutliche Worte und bringt ihre Zufriedenheit zum Ausdruck, als Kommunarden den amerikanischen Demokraten Hubert Humphrey beim Besuch in Westberlin aus Protest gegen die US-Politik in Vietnam mit Puddingbeuteln bewerfen:

»Indem die Studenten nicht nur eine Puddingaktion vorbereiteten, sondern obendrein den Bürgerschreck markierten, brachten sie das seit Jahren funktionierende Boykottsystem der Springerpresse und ihrer politischen Anhänger durcheinander, brachten [...] die Mauer des Verschweigens [...] zu Fall.«[77]

Allerdings hätten die Demonstranten ihre persönliche Publizität nur für ihren privaten Exhibitionismus genutzt, hätten nicht nur die sie interviewenden Journalisten gesnobt, sondern auch deren Zuschauer und Leser. Sie kreidet es ihnen an, dass sie das Gehör, das sie sich verschafft haben, nicht mehr genutzt haben, um ihre Vorstellungen verständlich zu machen. Dennoch lobt sie das Engagement der Studenten ausdrücklich. Sie versucht, die Schizophrenie der Situation zu verdeutlichen: »Es gilt als unfein, mit Pudding und Quark auf Politiker zu zielen, nicht aber, Politiker zu empfangen, die Dörfer ausradieren lassen und Städte bombardieren.«[78] Nicht Napalmbomben auf Frauen, Kinder und Greise abzuwerfen, sei demnach kriminell, sondern dagegen zu protestieren.

Sie befürchtet, dass das Vorgehen gegen die Demonstranten einen Vorgeschmack auf das geben würde, was durch Notstandsgesetze legalisiert werden soll.

Zur großen Enttäuschung Ulrike Meinhofs kann sich die traditionelle Linke in der SPD wie auch die illegale KPD nicht sonderlich mit den studentischen Aktionen identifizieren.

In »Enteignet Springer!« schlägt sie 1967 schärfere Töne an im Hinblick auf die Tötung des 26-jährigen Studenten Benno Ohnesorg am 2. Juni des Jahres anlässlich einer Demonstration in Berlin gegen den Staatsbesuch des Schahs von Persien. Dem Springer-Konzern macht sie den Vorwurf der Hetze gegen Demonstranten, gibt aber nicht allein dem CDU-nahen Zeitungsimperium die Schuld an der Stimmungsmache: »Es ist nicht Springers Schuld allein, dass die Differenz zwischen rechts und links, zwischen SPD und CDU, zwischen Augstein und Springer auf ein Minimum zusammengeschnurrt ist.«[79]

Sie verleiht ihrer Überzeugung Ausdruck, dass eine Redemokratisierung und die Bildung urteilsfähiger Bürger scheitern müssten, wenn ein Medienkonzern derart stark und einflussreich sei. Aus diesem Grund spricht sie auch vom Zeitungssterben in der Bundesrepublik. Sie hat die Sorge, dass überhaupt keine unabhängigen Zeitungen und Zeitschriften außerhalb der Konzerne gegründet werden können. »Es ist Springers überlegene wirtschaftliche Macht, die die deutsche Publizistik zunehmend abriegelt gegenüber kritischen, denkenden, oppositionellen Stimmen.«[80] Sie sieht die Gefahr, dass politische Impulse aufgrund der Springer-Presse nur einen kleinen Teil der

Bevölkerung erreichen und somit die Gefahr der Manipulation der öffentlichen Meinung.

In derselben Publikation ist aber auch Platz für Hoffnung und Zuversicht. So sei das Bedürfnis, die Bundesrepublik zu redemokratisieren, seit Bildung der Großen Koalition stärker geworden. Und die Forderung, Springer zu enteignen, sei bereits ein Symptom für ein neu entstehendes demokratisches Bewusstsein. Damit es sich ausbreiten könne, müsse Axel Springer enteignet werden.

Im selben Jahr setzt sie sich erneut mit dem Krisenherd in Vietnam auseinander und behauptet, wer dem dortigen Krieg seine Zustimmung und Sympathie nicht verweigere, stünde, ob er das wolle oder nicht, auf der Seite des amerikanischen Hegemoniestrebens in der Welt. Hier manifestiert sich die spätere dominierende Denkweise in zwei Kategorien.

Zudem ersetzten Gummiknüppel der Polizei, Verhaftungen und Beschlagnahmungen in den Demokratien des freien Westens zunehmend die freie Diskussion. Was die Demonstrationen betrifft, äußert Meinhof erstmals Zweifel an deren Effizienz. Das zeigt ihren hohen und unerbittlichen Anspruch an sich und andere und ihre rigide Haltung, die an ihrem späteren Verhalten maßgeblichen Anteil haben.

Über die Verschärfung sozialer Konflikte auf allen Ebenen schreibt sie in der Kolumne »Arbeitnehmerflügel«. Sie bezeichnet die Auftritte der Studenten als offensiv und provokativ, die der Gewerkschaften aber eher als defensiv. Die studentischen Unruhen empfindet sie als viel versprechend, weil sie das Establishment zu beunruhigen vermocht hätten. Aus diesem Grund hält sie es auch für unumgänglich, den Gewerkschaften deren gesellschaftliche Relevanz vor Augen zu führen und sie zu politisieren. Dies müsse ihrer Ansicht nach über Aufklärung geschehen.

Den Titel »Gegen-Gewalt« trägt die Kolumne, in der Anfang 1968 allmählich die Grundsatzproblematik der Trennung von Gewalt und Widerstand zum Ausdruck kommt: »Die Studenten haben freilich durch bittere Erfahrungen [...] begriffen, dass sie das nicht leise und vornehm durchsetzen können, sondern nur lärmend und rigoros. [...] Das Terror nennen, heißt den Notwehrcharakter der studentischen Aktionen übersehen [...].«[81]

Enttäuschung darüber, dass mittels friedlicher Mittel scheinbar nichts erreicht wurde, schwingt in dem Artikel mit.

Die Funktionsunfähigkeit der Demokratie artikuliert Meinhof in der Kolumne »Demokratie spielen« und spricht von einem neuen Faschismus. Eine Veränderung der Verhältnisse durch den Austausch einzelner Politiker bezweifelt sie aus diesem Grund auch.

Aber auch in der »Vom Protest zum Widerstand« überschriebenen Kolumne nach dem Attentat auf Rudi Dutschke wird Gewalt als Mittel zur Solidarisierung noch abgelehnt: »Gegengewalt, wie sie in diesen Ostertagen praktiziert worden ist, ist nicht geeignet, Sympathien zu wecken, nicht, erschrockene Liberale auf die Seite der Außerparlamentarischen Opposition zu ziehen.«[82]

Wichtig erscheint hier die Überlegung, Sympathien für eine Sache gewinnen zu wollen und dies nur erreichen zu können, wenn die Wahl der (friedlichen) Mittel stimmt.

»Sozialdemokratismus und DKP« heißt die Publikation, in der Meinhof anlässlich der Gründung der DKP am 28. September 1968 deren Übermaß an sozialdemokratischen Phrasen kritisiert. Ebenso vermisst sie kritische Töne von ihr – unter anderem im Hinblick auf Vietnam. In gleichem Maße bemängelt sie die Diffamierung der APO, der vor allem aus Studenten und Jugendlichen zusammengesetzten Außerparlamentarischen Opposition, auch von Seiten der DKP.

Die Thematik des Faschismus taucht in »Aktenzeichen XY aufgelöst« auf, wo Meinhof anprangert, dass die in der gleichnamigen Sendung vorgestellten Straftaten Bagatellen im Vergleich mit Verbrechen des Nationalsozialismus seien. Ferner würden Kriminelle in der Sendung zu Hassobjekten stilisiert.

Bemerkenswert ist diese Stelle in ihrer Publikation, weil Meinhof selber ein Jahr später Polizeibeamte als die »erklärten Feinde« deklarieren und somit ein Feindbild produzieren wird.

In »Kolumnismus« setzt sie sich Anfang 1969 bereits scharf mit ihrem eigenen in ihren Augen inkonsequenten und doppelbödigen Leben und ihrer Funktion als Kolumnistin auseinander. Sie schreibt dem Beruf des Kolumnisten schönen Schein und Alibifunktion zu, empfindet ihn aber als schizophren, zumal Kolumnisten durch interessante Schreibe gute Verkaufszahlen brächten und ihrer Zeitschrift einen extravaganten und scheinbar unabhängigen Charakter bescherten. Sie kritisiert jedoch entschieden den in ihren Augen konformistischen Teil von *konkret* und bemängelt den Kolumnismus als Personalisierung. Kolumnistenfreiheit setzt sie mit Leserbetrug gleich. »Damit aus Theorie keine Praxis wird, leistet man sich Kolumnisten, ohnmächtige Einzelne, Außenseiter, Stars.«[83]

Inzwischen sieht sie in *konkret* weniger eine linke als eine opportunistische Zeitung. Klaus Rainer Röhl wirft ihr in einem Antwortartikel Utopie vor und weist die Vorwürfe zurück.

In »Alle reden vom Wetter« lässt Meinhof leichte Resignation und Enttäuschung durchblicken angesichts der Tatsache, dass die studentischen und sonstigen Aktionen in ihren Augen keine nennenswerten Ergebnisse erzielt hätten: »Warum kann sich hier der Protest nur gegen ein unzumutbares ›Schicksal‹ richten, warum ist er politisch irrelevant, mobilisiert nichts, außer Tränendrüsen?«[84]

Auffällig ist, dass die Unzufriedenheit mehr und mehr wächst und Überlegungen zum effizienteren Handeln angestellt werden.

Auch in dem Artikel mit dem Titel »Nixon« anlässlich der Wahl Richard Nixons zum 37. Präsidenten der USA im Herbst 1968 macht sich die Journalistin keine Illusionen: »Er [Nixon] kommt nach Berlin, um die Berliner einmal mehr mit Freiheitsphraseologie darüber hinwegzutäuschen, dass sie nichts sind als ein Spielball imperialistischer Politik.«[85]

Insgesamt ist der Tonfall nüchterner, fast ernüchtert. Sie befürchtet eine Verschärfung der weltpolitischen Konflikte:

»Die Präsidentschaft Nixons ist eine Präsidentschaft der verschärften Konflikte. Dass die Linke in der Bundesre-

publik und Westberlin es nicht verhindern konnte, dass
er hierher kommt, ist ein Zeichen ihrer Schwäche; dass
der Berliner Senat sich nicht mehr anders zu helfen weiß,
als ihn nach Berlin zu bitten, zeigt aber auch die Stärke
der Linken. Sie sollte sich nur auch in Zukunft nicht das
Gesetz des Handelns von der anderen Seite aufzwingen
lassen.«[86]

Anlässlich des Amtsantritts von Gustav Heinemann
als Bundespräsident notiert die Kolumnistin in »Gustav,
Gustav«, dass von einem Machtwechsel keine Rede sein
könne. Sie wirft dem neuen Staatsoberhaupt vor: »Er [Hei-
nemann] äußerte Zweifel an den Notstandsgesetzen, aber
als es zum Schwur kam, hat er zugestimmt. [...] Er hat nie
gekämpft, warum sollte er es jetzt plötzlich tun.«[87]

Sie beschreibt ein weiteres Voranschreiten des Faschi-
sierungsprozesses in der Bundesrepublik und Westberlin.
»Obwohl Heinemanns Wähler dieselben sind, die den
Polizeiterror gegen die Linke verschärfen, freuen sich die
Opfer des Polizeiterrors über seine Wahl und setzen Hoff-
nungen auf ihn.«[88]

Fast verächtlich ist der Tonfall jetzt. Meinhof ist aber
auch noch immer der Auffassung, dass die Schwächen des
Systems ausnutzbar seien.

3. Kapitel:
Versuche, soziale Gegensätze ein Stück weit zu revidieren und zum Sprachrohr der sozial Benachteiligten zu werden

1. Rundfunkarbeit und soziale Studien

Von 1964 bis 1970 macht Meinhof fast ein Dutzend Rundfunk-Features. Ihr Weg führt sie für Recherchen in Bewahrungsheime, Gastarbeiterquartiere, Fließbandhallen und Fürsorgeanstalten. 1965 macht sie einen Beitrag über »Heimkinder in der Bundesrepublik«. Mit dem Fernsehspiel »Bambule« weist sie 1969 auf die katastrophale Situation in Erziehungsheimen hin.

Bambule ist ein Terminus aus dem Gebrauchsvokabular dieser Heimzöglinge. Er bedeutet so viel wie Radau machen.

Zweites zentrales Thema für ihre Rundfunkarbeiten ist die Situation der Frauen zwischen Beruf, Ehe und Kindererziehung. Das unterschiedliche Lohnniveau ist dabei ein Aspekt. Mit den Arbeiten über Heimzöglinge, Kinder und Jugendliche aus sozial schwachen Familien wollte sie ihre Grundthese untermauern, nach der diejenigen Kinder, die von Haus aus keine soziale Chance haben, auch später keine hätten.

Als Rundfunkjournalistin erarbeitet sie sich eine privilegierte Position. Sie will den Gründen für die Verhaltensstörungen von Heimkindern nachspüren und wird fündig. Die bundesdeutschen Heime sind zum großen Teil noch kasernenähnliche Bewahranstalten mit uniformierten Insassen. In einem Feature kommt sie zu dem Schluss: »Die durch menschliche Vernachlässigung entstehenden Schäden sind irreparabel, im späteren Leben der Kinder nicht wiedergutzumachen, nicht aufzuholen.«[89]

Meinhof fordert deshalb die Aufhebung der Einteilung in Altersgruppenheime, bessere finanzielle und personelle Ausrüstung und die Erziehung der Kinder durch Kinder, wodurch Gruppenkameradschaft entstünde und soziale Defizite fehlender erwachsener Bezugspersonen ausgeglichen würden.

2. Arbeiten zum Fernsehspiel »Bambule«

In den Vorbemerkungen zu »Bambule« nimmt Ulrike Meinhof bereits eine ernüchternde Erkenntnis vorweg: Fürsorgeeinrichtungen, wie sie in den 60er Jahren in der Bundesrepublik bestehen, änderten nichts an den Verhältnissen, aufgrund derer Jugendliche an den Rand der Gesellschaft geraten seien. Sie richtet ihr Augenmerk stattdessen auf die Gründe für die soziale Misere:

»Nicht dass die Lehrstelle mies war, interessiert das Jugendamt, sondern dass der Jugendliche sie verlassen hat. Nicht dass die Wohnung zu eng war und die Geschwisterzahl zu groß, um Schularbeiten machen zu können, sondern dass der Jugendliche Schule geschwänzt hat. [...] Nicht dass das Mädchen keine Klamotten hatte, wie es die Werbung befiehlt, sondern dass es auf den Strich gegangen ist.«[90]

Fürsorgeerziehung verbessere nicht die schlechte Situation des proletarischen Jugendlichen, sondern zwinge ihn dazu, sich damit abzufinden. Und wenn die Eltern nicht imstande seien, diesen Zwang auszuüben, springe der Staat ein. Dieser Form der Erziehung spricht sie Strafcharakter zu und an den Erziehungsprinzipien könne man die in einem Staat vorherrschenden Erziehungsvorstellungen ablesen. Als unmenschlich empfindet sie auch die Unmöglichkeit, im Heim feste Bindungen zu Bezugspersonen einzugehen. Sie beklagt insgesamt die mangelnde Ausbildung für diese Jugendlichen.

Ihre Beobachtungen schreibt sie in Originalmundart auf, um den authentischen Charakter, um den es ihr geht, zu wahren. Sie hofft auf eine mobilisierende Wirkung des Films und dass ein Funke von »Bambule« auf die Heimzöglinge überspringt.

Das Drehbuch für den Film »Bambule« entstand Anfang 1970. Im April wurde er gedreht und sollte einen Monat später in der ARD gezeigt werden. Aufgrund der Fahndung nach Meinhof wurde der Film jedoch aus dem Programm genommen. Im April 1971 war die Ausstrahlung nochmals geplant, wurde aber erneut abgesetzt.

Der Film beschreibt den Alltag der minderjährigen schulentlassenen Mädchen im geschlossenen Heim Eichenhof in Berlin-Tegel. 60 bis 70 Mädchen wohnen in der Regel im Eichenhof. Die Mädchen spielen sich überwiegend selbst, die Rollen der Erzieher werden von Schauspielern übernommen. Überaus nüchtern zeigt der Film den Alltag der Heimjugendlichen. Meinhofs Ziel war es, so Klaus Wagenbach im Nachwort zu »Bambule«, nicht der Wirklichkeit, sondern der Wahrheit näher zu kommen.[91] Ulrike Meinhof prangert die Tatsache an, dass die

Gesellschaft rigoros mit Benachteiligten umgehe. Die Ursachen für das Scheitern der Jugendlichen würden nicht betrachtet, die Symptome allerdings schärfstens zu beseitigen versucht. Strafe aber schaffe bei den Jugendlichen erneute Aggression; sie entfernten sich so immer mehr von der Gesellschaft, ohne dass die Ursachen und Gründe untersucht würden. Sie würden schlichtweg auf Verwahrloste und Gescheiterte reduziert. Verursacher des Übels sei der Staat. Er mitproduziere durch sein wirtschaftliches System Jugendliche, die an ihm scheitern.

Meinhof untersucht hier, wie bei allen Thematiken, die Ursachen von Zuständen und Geschehnissen und kommt immer wieder zu dem Entschluss, dass die Gesellschaft respektive der Staat mit seinem kapitalistischen System die negativen Folgen hervorgerufen habe.

»Bambule« zeigt, dass im Eichenhof nicht auf die Jugendlichen und deren Bedürfnisse – sei es, einfach zu reden – eingegangen wird. Diskussionen finden nicht statt. Die Heranwachsenden werden den Makel der Unaufrichtigkeit nicht mehr los. Erzieher schieben ihnen vorschnell die Schuld zu, bestrafen sie, womit der Teufelskreis der Jugendlichen praktisch kaum mehr durchbrochen werden kann.

3. Leben in zwei Welten

Die Auflagensteigerung von *konkret* hat der Familie Röhl/ Meinhof – Weihnachten 1961 hatte Meinhof den *konkret*-Herausgeber geheiratet – den Aufstieg in die feine Hamburger Gesellschaft ermöglicht. Ulrike Meinhof ist bekannt für ihren kritischen Journalismus und Geradlinigkeit im Beruf.[92] Sie ist aber zugleich scharfe Gesellschaftskritikerin und Teil der gehobenen Gesellschaft. Zunächst ist sie froh, ihre Erfahrungen in die feine Gesellschaft weitertragen zu können, um sie publik zu machen. Es ist ihr jedoch (noch) nicht bewusst, dass dieses Zuhören nicht gleichbedeutend mit Zustimmung ist.

1967 notiert sie angesichts dieses Zwiespalts, dass die Diskrepanz zwischen der Beziehung zu Röhl, der Aufnahme ins Establishment und die Zusammenarbeit mit den Studenten ihr unvereinbar erscheine und an ihr zehre.[93] Und das Leben in der gehobenen Schicht decke, wenn es auch menschliche Aspekte biete, nicht Meinhofs Bedürfnis nach Gruppenzugehörigkeit und Solidarität[94], was sie dann drei Jahre später offenbar bei Baader und Ensslin zu finden hoffte und glaubte.

Im März 1970, nachdem die Dreharbeiten zu »Bambule« gerade abgeschlossen sind, schreibt sie in einem Brief an Dieter Waldmann, den Leiter der Produktionsgruppe »Fernsehspiel« beim Südwestfunk Baden-Baden, dass sie nicht mehr Autor sein wolle, der die Probleme der Basis – in dem Fall der Heimjugendlichen – zur Schau stellt. Denn dies wiederum führe nur dazu, dass sie zu Ruhm komme und sich andere an den Problemen der Jugendlichen ergötzten. Ulrike Meinhof bezeichnet diesen Aspekt als wirkliches Problem und beginnt, den Sinn dieses gesellschaftskritischen Fernsehspiels erstmals in Frage zu stellen. Die politische Botschaft hatte für sie oberste Priorität – und eben diese in den Vordergrund zu rücken, erschien ihr nicht mehr ohne Weiteres möglich. Auch am Sprachduktus dieser Zeit ist zu erkennen, wie der scharfe

Gegensatz zwischen arrivierter Stellung als Journalistin und Beobachterin gesellschaftlicher Missstände immer mehr an ihr zehrt. Die Publizistin Meinhof vermag immer weniger zwischen der Rolle der Beobachterin und der gesellschaftlichen Wirklichkeit zu trennen. Sie empfindet die gesellschaftlichen Widersprüche als schmerzhaft und mehr und mehr als unüberbrückbar.

4. Kapitel:
Überlegungen zum Widerstand und Annäherung an die Form des gewaltsamen Protests

1. Die zunehmende Abkehr von der traditionellen Linken

Ende 1967 trennt sich Meinhof von Röhl und im Herbst 1968 bricht sie endgültig mit den politischen Vorstellungen der ehemaligen Weggenossen aus der illegalen KPD.

1967 vertritt der SDS den Standpunkt, nicht in die Illegalität gehen zu wollen, um nicht den gesamten Gewaltapparat auf sich abzulenken, da man glaubt, dann keine Chance zu haben. Man ist der Auffassung, in der Provokation stärker als die Polizei zu sein, nicht aber in den technischen Auseinandersetzungen mit ihr.

Rudi Dutschke erklärt Ulrike Meinhof, dass und warum der Westberliner SDS an seiner bisherigen Strategie der gezielten, aber begrenzten Regelverletzung festhält. Meinhof ist kein fester Bestandteil des SDS, in dem die Rollen schon exakt verteilt waren. Nichtsdestotrotz schöpft die Journalistin anlässlich des internationalen Vietnam-Kongresses am 17. und 18. Februar 1968, zu dem der SDS die europäische Linke nach Berlin einlädt, neue Hoffnung und Zuversicht.

Den Verzicht des SDS auf eine Demonstration vor den Kasernen der in Westberlin stationierten US-Army findet sie hingegen falsch. Schließlich schätzt sie das Kräfteverhältnis zwischen der Außerparlamentarischen Opposition und dem Staat in etwa als ausgeglichen ein.

Gut ein Jahr nach dem Schah-Besuch schreibt sie:

»Die Proteste gegen einen Polizeistaats-Chef entlarvten unseren Staat selbst als einen Polizeistaat. Da begriffen wir, dass Freiheit in diesem Staat die Freiheit für den Polizeiknüppel ist und Pressefreiheit im Schatten des Springerkonzerns die Freiheit, den Knüppel zu rechtfertigen.«[95]

Zur selben Zeit zieht sie aber auch bereits Parallelen zwischen rechter und linker Presse:

»Sie rücken sich näher, die liberale Presse, die Springer- und Provinzpresse, wenn es nicht mehr nur um eine Änderung der Politik geht unter den bestehenden Herrschaftsverhältnissen, sondern um eine Änderung der bestehenden Herrschaftsverhältnisse selbst [...].«[96]

Meinhof kritisiert die Halbherzigkeit, mit der sich *SPIEGEL*-Chef Rudolf Augstein und *Zeit*-Verleger Gerd Bucerius am Projekt der Studentenbewegung beteiligt haben. Ihre Hoffnungen sind noch vorhanden, schwinden aber zunehmend.

Nach dem Dutschke-Attentat am 11. April 1968 wird eine Erklärung vom SDS für die Presse formuliert:

»Ungeachtet der Tatsache, ob Rudi das Opfer einer politischen Verschwörung wurde: Man kann jetzt schon sagen, dass dieses Verbrechen nur die Konsequenz der systematischen Hetze gewesen ist, welche Springer-Konzern und Senat gegen die demokratischen Kräfte in dieser Stadt betrieben haben.«[97]

Angesichts des Demonstrationszuges, der sich daraufhin zur Druckerei des Hauses Springer bewegt, empfindet Meinhof ein lähmendes Gefühl, (noch) unfähig,

sich in die Reihen der Blockierer einzugliedern. Meinhof
schreibt:

»Diejenigen, die von politischen Machtpositionen aus
Steinwürfe und Brandstiftung verurteilen, nicht aber die
Hetze des Hauses Springer, nicht die Bomben auf Vietnam, nicht Terror in Persien, nicht Folter in Südafrika [...],
deren Engagement für Gewaltlosigkeit ist heuchlerisch
[...].«[98]

Die ein Jahr zuvor erörterte Frage, wie weit der Weg
vom Protest zum Widerstand gegangen werden kann, hat
nach dem Attentat auf Dutschke eine konkrete Dimension bekommen.

2.   Ein Appell zur Aktion

Im Mai 1967, einen Monat vor dem Tod von Benno Ohnesorg, wird Ulrike Meinhof in ihrer Meinung, etwas tun
zu müssen, um wirklich etwas zu verändern, bestätigt.
Begeistert kehrt sie von einer großen studentischen Protestversammlung in Berlin nach Hamburg zurück. Der
Schriftsteller Peter Schneider hatte am 5. Mai 1967 im
Audimax der Freien Universität Berlin eine Rede gehalten,
die exakt den Nerv der Demonstrierenden und den von
Ulrike Meinhof getroffen hatte.

Schneider prangert die gemäßigte Linie der Demonstranten an und die fehlende Härte und Aggressivität im
Vorgehen:

»Wir sind nachgiebig gewesen, wir sind anpassungsfähig gewesen, wir sind nicht radikal gewesen [...]. [...]
Wir haben ruhig und ordentlich eine Universitätsreform

gefordert, obwohl wir herausgefunden haben, dass wir gegen die Universitätsverfassung reden können, so viel und so lange wir wollen, ohne dass sich ein Aktendeckel hebt, aber dass wir nur gegen die baupolizeilichen Bestimmungen zu verstoßen brauchen, um den ganzen Universitätsaufbau ins Wanken zu bringen.«[99]

3. Ulrike Meinhof und die Reaktion auf die Warenhausbrandstiftung

Am 3. April 1968, gut eine Woche vor dem Attentat auf Rudi Dutschke, legen Andreas Baader und Gudrun Ensslin in zwei Frankfurter Kaufhäusern Brandsätze aus Protest gegen, wie sie später im Prozess berichten, die Gleichgültigkeit, mit der die Menschen dem Völkermord in Vietnam zusehen.

1963 hatte die US-Luftwaffe mit Flächenbombardements der ländlichen Gebiete Süd-Vietnams begonnen und seit 1964 wurden auch Angriffe auf Städte Nord-Vietnams geflogen.

Der SDS distanziert sich in einer Erklärung schärfstens von den Brandstiftern: »Der SDS ist zutiefst darüber bestürzt, dass es in der Bundesrepublik Deutschland Menschen gibt, die glauben, an den politischen und gesellschaftlichen Zuständen in diesem Land durch unbegründbare Terroraktionen ihrer Opposition Ausdruck verleihen zu können.«[100]

Ensslin dagegen sagt im Prozess: »Wir haben gelernt, dass Reden ohne Handeln unrecht ist.«[101]

Möglicherweise hat die Brandstifterin hiermit einen

»wunden Punkt« bei Ulrike Meinhof angesprochen, die mehr und mehr zu der Überzeugung gelangt, etwas tun beziehungsweise handeln zu müssen. Für *konkret* fährt Meinhof zum Prozess gegen die Brandstifter. In der Kolumne »Warenhausbrandstiftung« nähert sie sich der Problematik:

»Gegen Brandstiftung im Allgemeinen spricht, dass dabei Menschen gefährdet sein könnten [...]. Gegen Warenhausbrandstiftung im Besonderen spricht, dass dieser Angriff auf die kapitalistische Konsumwelt [...] eben diese Konsumwelt nicht aus den Angeln hebt [...]. So gesehen ist Warenhausbrandstiftung keine antikapitalistische Aktion, eher systemerhaltend, konterrevolutionär. [...] Das progressive Moment einer Warenhausbrandstiftung liegt nicht in der Vernichtung der Waren, es liegt in der Kriminalität der Tat, im Gesetzesbruch. Das Gesetz, das da gebrochen wird, schützt ja die Menschen nicht davor, dass ihre Arbeitszeit und -kraft [...] vergeudet wird [...]. Das Gesetz, das da gebrochen wird durch Brandstiftung, schützt nicht die Menschen, sondern das Eigentum.«[102]

Verbrechen schützende Gesetze werden also dabei gebrochen. Sie zitiert den Kommunarden Fritz Teufel mit einem Satz, der symptomatisch für die 68er Bewegung und für das antikapitalistische Klima gegen jegliche Form von Establishment ist: »Es ist immer noch besser, ein Warenhaus anzuzünden, als ein Warenhaus zu betreiben.«[103]

5. Kapitel:
Ende einer Kolumnistenkarriere

1.   Das Zerwürfnis mit *konkret*

1964 hatte Röhl *konkret* zur »Illustrierten für Interessierte« umfunktioniert, um die Verkaufszahlen zu steigern. Sex-Themen fanden verstärkt Aufnahme in das Blatt. Meinhof lehnte dieses Konzept allerdings entschieden ab und begründete dies später so:

»Der Widerspruch, in dem sich die Zeitung seit Jahren auf Grund ihrer Geschichte und ihrer heutigen Marktstellung befindet: zwischen der Zeitung als Anzeigenträger und der Zeitung als Forum linker Agitation, wurde von den Eigentümern zugunsten des Profits entschieden.«[104]

Es kommt zu internen redaktionellen Auseinandersetzungen. Meinhof gründet in Berlin eine »Gegen-Redaktion«, die in Röhls Abwesenheit kurz vor dem Druck der Zeitung Seiten gegen eigene Artikel austauscht. Als Meinhof statt der nächsten Kolumne ein SDS-Papier »Zur Situation an den Hochschulen« vorlegt und Röhl es kurz vor dem Druck herausnimmt, erklärt sie ihre Mitarbeit in einer Presseerklärung für beendet.

Zuvor hatte sie bemerkt, nicht länger »Feigenblatt«[105] für die Redaktionsunfreiheit sein zu wollen. Sie verlangt von Röhl, dass er aufhören solle, Anweisungen zu geben. Denn Befehlsempfänger könnten keine gesellschaftlichen Verhältnisse aufdecken. Für Röhl wiederum ist die APO immer mehr zum Ballast geworden.[106] Die Kluft zwischen

Meinhof und Röhl und gleichzeitig Meinhof und *konkret* ist inzwischen immer tiefer geworden. Der *konkret*-Herausgeber personifiziert für Meinhof nur noch den Klassenfeind und die Konterrevolution.

Auch innerhalb der APO macht sich indessen zunehmend Orientierungslosigkeit breit. Die Bewegung löst sich in Gruppen und Strömungen auf; die Folge sind Fraktionskämpfe.

2.   Enttäuschte Hoffnungen

Meinhof hatte bis zur Großen Koalition darauf gehofft, die kleine zersplitterte sozialistische Linke hätte sich mit Hilfe der SPD politisches Gehör verschaffen können. Sie glaubte bis zu diesem Punkt an die Möglichkeiten einer Einflussnahme. Diese Hoffnung wurde jedoch enttäuscht. Eine Grundbefürchtung Ulrike Meinhofs war zudem stets die Gefahr einer Neuauflage deutsch-nationaler Großmachtspolitik sowie die Beseitigung von Grundgesetz und Demokratie aufgrund der Wiederaufrüstung und der Tatsache, dass in vielen Spitzenpositionen der Adenauer-Administration ehemalige Nationalsozialisten saßen. Damit sei, so Meinhof, der Kampf der Männer und Frauen des 20. Juli 1944 noch nicht endgültig gewonnen. Über Strauß schreibt sie: »Die Inkarnation des deutschen Militarismus hat in ihm eine Gestalt gefunden.«[107] All diese Äußerungen und Formulierungen spiegeln die große Befürchtung Meinhofs und ihre Prioritäten wider. Nachdem später all diese Punkte in ihren Befürchtungen sich bewahrheiten – die Außerparlamentarische Opposition verläuft im Sande, an der Regierung ändert sich personell nichts, die Notstandsgesetzgebung wird vollzogen, die Opposition wird bekämpft und angefeindet (Dutschke-Attentat), SPD und SDS sind für sie keine Gleichgesinnten, mehr und mehr entdeckt sie in ihrem eigenen Leben eine Doppelmoral – resigniert sie zunehmend. Sie solidarisiert sich bereits zum Teil mit den Kaufhausbrandstiftern und projiziert große Hoffnungen und hehre Ziele in Andreas Baader und Gudrun Ensslin. Sie stilisiert sie, die endlich zur Tat geschritten sind, zu Revolutionären hoch, sucht nach Gruppenzugehörigkeit und dem Gefühl von Solidarität, wie es ihrem Wesen entspricht. Dennoch plant sie nicht, in den Untergrund zu gehen. Diesen Schritt hat sie – vor allem mit Blick auf ihre 1962 geborenen Zwillingstöchter – noch nicht vollzogen.

Ein anderer Aspekt war, dass 1961 in der KPD viele Anhänger Kampfbereitschaft hatten vermissen lassen, als es darum ging, die DFU zu unterstützen, da viele zynisch und desinteressiert waren, verbittert durch die Verfolgung im Dritten Reich und während der Nachkriegszeit. Sie glaubten nicht an den Erfolg der DFU. Die KPD-Führung hatte außerdem 1964 für *konkret* sämtliche Geldmittel gesperrt. Auch deshalb plädierte Röhl fortan für die Anpassung des Blattes an den Massengeschmack, um die Zeitschrift über Wasser halten zu können. Meinhof wendet sich gegen diesen opportunistischen Kurs, der der Zeitschrift aber enorme Publicity einbringt. Die Auflage steigt wieder deutlich. Ulrike Meinhof ist entsetzt über die verzerrte Berichterstattung hinsichtlich der Zustimmung der deutschen und amerikanischen Bevölkerung gegenüber dem Vietnamkrieg.

Ihre wahre Ansicht über das Wüten in Vietnam bringt die Zivilbevölkerung in Demonstrationsmärschen zum Ausdruck. 1965, im selben Jahr, als die USA mit ihren Luftangriffen auf Nordvietnam begonnen hatten, demonstrieren 25 000 Menschen beim Protestmarsch auf Washington und im März 1966 100 000 in New York gegen die US-Vietnam-Politik. In den bundesdeutschen Medien wird jedoch fast ausnahmslos der Eindruck vermittelt, die amerikanische Regierung könne sich auf eine hundertprozentige Unterstützung im eigenen Land berufen.

Bundesaußenminister Gerhard Schröder (CDU) fordert vor dem Ministerrat der Westeuropäischen Union (WEU) in Luxemburg nachdrücklich »Härte in Berlin und Vietnam«.[108] Und Willy Brandt beglückwünscht den Präsidenten der Vereinigten Staaten zu den »vietnamesischen Erfolgen«.[109] Im November 1965 verbietet der Rektor der Freien Universität Berlin »aus baupolizeilichen Gründen« eine geplante Ausstellung von Bildern und Dokumenten aus Vietnam und als der SDS Filme über Vietnam zeigen und diskutieren lassen will, macht der Rektor unter anderem die Auflage, es müsse sichergestellt sein, dass die Filme nur den Studenten, nicht aber etwa einer breiteren Öffentlichkeit zugänglich gemacht werden. Die »Erklärung über den Krieg in Vietnam« von 62 Schriftstellern und Professoren in Deutschland, mit der sie der verzerrten Berichterstattung über Vietnam in den Medien begegnen und aufklären wollen, wird dagegen verstümmelt oder gar nicht wiedergegeben.

Zudem waren seit dem Frühjahr 1968 allein in West-Berlin rund 1900 Strafverfahren[110] gegen Angehörige der Außerparlamentarischen Opposition eingeleitet worden.

Anlässlich des Dutschke-Attentats stellt Meinhof Überlegungen zum Unterschied zwischen Protest und Widerstand an, heißt aber Gewalt als Mittel zur Durchsetzung der Ziele nicht gut:

»Protest ist, wenn ich sage, das und das passt mir nicht. Widerstand ist, wenn ich dafür sorge, dass das, was mir nicht passt, nicht länger geschieht [...]. Nun [...] muss neu und von vorn über Gewalt und Gegengewalt diskutiert werden. Gegengewalt läuft Gefahr, zur Gewalt zu werden, wo die Brutalität der Polizei das Gesetz des Handelns bestimmt, wo der paramilitärische Einsatz der Polizei mit paramilitärischen Mitteln beantwortet wird [...].«[111]

Zu diesem Zeitpunkt erkennt Ulrike Meinhof also noch immer deutlich die Gefahren und verheerenden Folgen von Gewaltanwendung und ist bemüht, dieses Mittel nicht zu legitimieren. Und das auch, obwohl Auszüge aus Briefen von der Bevölkerung, adressiert an Rudi Dutschke nach dem Mordanschlag auf ihn, tatsächlich extremistische, faschistoide und menschenverachtende Züge tragen. Der Wortlaut dieser Briefe, auszugsweise im *SPIEGEL* veröffentlicht, belegt, dass es der Presse gelungen war, ein Feindbild in die Köpfe der Leser zu projizieren, das seinesgleichen sucht.[112]

Auch und besonders für Ulrike Meinhof müssen diese Sätze erneut Zeugnisse des Faschismus und der systematischen Hetze gegen Menschen anderer politischer Couleur gewesen sein. Trotzdem versucht sie noch immer, auf Gewalt als Antwort zu verzichten. Jedoch sind die große Solidarität unter den Mitgliedern der APO nach dem Attentat auf Dutschke sowie die großen Demonstrationen gegen die Notstandsgesetze vorbei. Eine Vielzahl linker

Zirkel bildet sich; viele Gruppen sind untereinander derart stark verfeindet, dass die Linke keine gemeinsame Linie findet und daher uneffizient ist.

Zur selben Zeit verfasst Meinhof einen weiteren kritischen Artikel. Grund: Der Soziologe Ralf Dahrendorf erwägt, in Fragen der Bildung mit Bundeskanzler Kiesinger zusammenzuarbeiten. Meinhof hat offenbar ernsthafte Bedenken und richtet an den Soziologen die Frage, ob etwas Richtiges, abgeliefert an der falschen Adresse, durch diese falsche Adresse entwertet werde. Die falsche Adresse dürften in ihren Augen die Verantwortlichen für die politischen und damit automatisch auch für die sozialen und gesellschaftlichen Verhältnisse gewesen sein, sprich die Regierenden. Zu verändern gab es nach Meinhofs Ansicht einiges, auch in personeller Hinsicht, was sich jedoch ihrem Zugriff entzog. Sollte sie also die Frage für sich bejaht haben, müsste sich demnach für sie eine folgenschwere Ausweg- oder gar Hoffnungslosigkeit daraus ergeben haben mit der Erkenntnis, machtlos zu sein.

Einen Tag nach dem Attentat auf Rudi Dutschke, der für Ulrike Meinhof in den vergangenen Jahren zu einem wichtigen Diskussionspartner geworden war, erklärt die Journalistin im Audimax der Berliner Technischen Universität: »Wirft man einen Stein, so ist das eine strafbare Handlung. Werden tausend Steine geworfen, ist das eine politische Aktion.«[113]

6. Kapitel:
Von der Theorie zur Praxis

1. Gefangenenbefreiung

Ulrike Meinhof lernt Baader und Ensslin während des Brandstifterprozesses kennen. Sie ist von ihnen mehr und mehr beeindruckt. In Frankfurt haben beide, nachdem sie im Juni 1969 aus dem Gefängnis entlassen worden sind, weil erst im November desselben Jahres über die Revision ihrer Urteile entschieden werden soll, die Staffelberger Gruppe gegründet, eine Art Erziehungsheim für entlaufene Jugendliche. Im Herbst 1969 erlangt das Urteil gegen die Brandstifter – drei Jahre Zuchthaus für jeden der Angeklagten wegen versuchter menschengefährdender Brandstiftung – Rechtskraft. Sie werden aufgefordert, ihre Haftstrafen anzutreten; bis auf Horst Söhnlein verschwinden jedoch alle im Untergrund. Sie setzen sich ins Ausland ab; später bitten Baader und Ensslin Ulrike Meinhof um Hilfe.

Das Strafmaß für die Brandstifter stößt im Übrigen bei einigen auf harte Kritik. Schriftsteller und Journalisten zeigen sich irritiert über das Urteil, empfinden es als unverhältnismäßig hoch, gemessen an anderen Straftaten. Voraussichtlich hätten die Verurteilten der herkömmlichen Praxis zufolge nach Haftantritt jedoch nur noch zwei Drittel der Strafe, also zehn Monate, zu verbüßen gehabt.

Am 3. April 1970 wird Andreas Baader jedoch wieder

verhaftet und Gudrun Ensslin beschließt, ihn aus der Haft zu befreien. Sie versucht, Meinhof dafür zu gewinnen. Meinhof selbst erkennt in Gesprächen mit Ensslin, dass sie endlich auch zur Aktion schreiten müsse, will sie vor sich selbst noch glaubwürdig wirken. Sie hofft, durch die (passive) Beteiligung an der Befreiung die eigenen psychischen Grenzen, an die sie stets geriet, überwinden zu können.[114] Bei der geplanten Befreiungsaktion soll sie als passive Helferin fungieren. Offiziell sollte Baader im »Deutschen Zentralinstitut für Soziale Fragen« im Berliner Stadtteil Dahlem Ulrike Meinhof für Recherchen für ein Buch über randständige Jugendliche zur Verfügung stehen. Die eigentliche Befreiung sollten Gudrun Ensslin und einige Helfer durchführen. Ingrid Schubert und Irene Goergens drangen an jenem 14. Mai 1970 in den Lesesaal ein und schossen mit Tränengas-Pistolen, während ein Komplize mit scharfer Waffe auf einen Institutsangestellten zielte. Baader entkam durch das Fenster, Ulrike Meinhof folgte ihm in Panik. Damit hatte sie aktiv zur Befreiung beigetragen. Fortan wurde sie gesucht. Für sie war die Gefangenenbefreiung aber im Nachhinein auch ein Akt der persönlichen und politischen Emanzipation, wenngleich sie in die Aktion mehr hineingestolpert ist.

Als nach der Befreiung ihr Bild auf den Fahndungsplakaten abgebildet ist, ist sie geschockt und ratlos. Für zwei Tage verschwindet sie und taucht bei einer Freundin unter. Meinhof ist nun da, wozu sie sich nie hatte entscheiden können zu gehen: im Untergrund. Mario Krebs schreibt: »Die Gruppe, die sich später so vollmundig ›Rote Armee Fraktion‹ nennt, ist weder das Resultat einer konkreten politischen Praxis noch eines strategischen Konzeptes, sondern das Zufallsprodukt einer verunglückten Aktion.«[115]

Mit Ost-Berlin klärt Meinhof, ob die Gruppe in die DDR einreisen könne. Man erlaubt es aber nur ihr allein; das lehnt sie ab. Die Befreiung hatte die Gruppe in Zugzwang gebracht. Meinhof fühlt sich mittlerweile in der Gruppe gefordert, nach und nach nicht mehr überfordert. Sie entwickelt sich zur Quartierbeschafferin, nutzt Kontakte zu renommierten Leuten aus *konkret*-Zeiten.

Die Theorie der RAF wird erst später von ihr entworfen. Die Praxis der Gruppe allerdings, so Krebs, und das sei das Problem gewesen, sei das Zufallsprodukt einer dilettantisch durchgeführten Befreiungsaktion und der überzogenen Reaktion von staatlicher Seite gewesen.[116] Als Publizistin für die RAF habe Ulrike Meinhof schlichtweg Ideologie produziert, weil vorher keine dagewesen sei. Als Kolumnistin habe sie dies stets vermieden.

Die erhoffte Sogwirkung der Baader-Meinhof-Gruppe, wie sie fortan tituliert wurde, auf eine größere Masse blieb jedoch aus, denn im Vergleich zum SDS waren Praxis und schriftliche Erklärungen der RAF teils wirr und unschlüssig bis widersprüchlich, so dass eine Identifikation kaum infrage kam. Große Teile des SDS wiederum waren darum bemüht gewesen, dass Aktionen massenhaft nach- und mitvollziehbar sein konnten. So wollte der SDS eine Bewusstseinsveränderung erreichen. Die RAF war jedoch sozial und politisch isoliert. Meinhof hält aber auch deshalb an ihr fest, weil sie den einmal eingeschlagenen Weg nicht mehr verlässt und zudem, weil ihr Verrat zuwider ist. Als sich die Fahndung schließlich auch vorrangig mit auf sie konzentriert, wird ihr der Weg zurück endgültig verbaut. Somit wird innerhalb von wenigen Monaten auf diese Weise aus Ulrike Meinhof, die eigentlich am Rande des Geschehens gestanden hat und von der weder die Initiative zur Baader-Befreiung ausgegangen ist noch irgendein Konzept für eine sozialrevolutionäre Kampfgruppe, die Staatsfeindin Nummer 1.

2.   Das neue Leben in der Illegalität

Anfangs tut sich Ulrike Meinhof schwer mit dem Leben im Untergrund. Erst später gewöhnt sie sich allmählich daran. Anfang 1972 ist die RAF in acht Gruppen in sechs Städten organisiert. Es war nicht etwa Baaders und Ensslins ursprünglichstes Ziel gewesen, eine terroristische Truppe aufzubauen. Ihnen hatte lediglich die Idee von einer Randgruppenstrategie vorgeschwebt. Vorderstes Ziel war die Umgehung ihrer Haftstrafen gewesen und anschließend die Finanzierung des Lebens in der Illegalität. Später sah die Gruppe ihre Aufgabe in der Anknüpfung an die Studentenbewegung und in der Solidarität mit den Befreiungsbewegungen in der Dritten Welt. Sie verstand sich als antiimperialistische Kampfgruppe, die Teil der Kämpfe in der Dritten Welt ist. Und auch Ulrike Meinhof fühlte sich nach wie vor dem Widerstand gegen Vietnam verpflichtet, um sich gegenüber den nachfolgenden Generationen nicht schuldig zu machen. Vietnam bedeutete für sie eine besondere Herausforderung. Gleichzeitig war die Verhinderung des Abflauens der Widerstandsbereitschaft das Ziel.

Als Antwort auf die schwersten Bombenangriffe der amerikanischen Luftwaffe gegen Nordvietnam Ende

1971 verübt die Gruppe am 11. Mai 1972 einen Bombenanschlag auf das Hauptquartier der V. US-Armee in Frankfurt am Main, bei dem eine Person getötet und 13 Menschen verletzt werden. Am 24. Mai explodiert eine Autobombe im Europa-Hauptquartier der US-Landstreitkräfte in Heidelberg. Dabei gibt es drei Tote. Mit derlei Anschlägen ging es der Gruppe darum, jenes Ohnmachtsgefühl zu überwinden, das sich ausgebreitet hatte. Der Widerstand sollte neue Impulse erhalten. Vier weitere Anschläge finden zusammen mit den anderen in weniger als 14 Tagen statt, darunter einer in der Augsburger Polizeidirektion, auf dem Parkhof des Münchner Landeskriminalamtes und im Korrektursaal des Hamburger Springer-Verlages.

Um das Leben in der Illegalität zu finanzieren, begeht die Gruppe mehrere Banküberfälle, entwendet Autos und bricht in Ämter ein, um in den Besitz von Formularen und Dokumenten zur Herstellung falscher Papiere zu kommen.

Am 1. Juni 1972 werden Andreas Baader, Jan-Carl Raspe und Holger Meins in Frankfurt, am 7. Juni Gudrun Ensslin in Hamburg verhaftet. Am 15. Juni werden auch Ulrike Meinhof und Gerhard Müller in Hannover festgenommen.

Kaum mehr, so schrieb die Presse damals, ähnelte die mit einem Koffer voller Waffen aufgegriffene Person der Frau, die das Fahndungsbild zeigte, der Ulrike Meinhof der 60er Jahre. Physisch und psychisch hatte der Untergrundkampf an der einstigen engagiert und mutig gegen atomare Bewaffnung kämpfenden stillen Studentin gezehrt.

7. Kapitel:
Publikationen aus dem Untergrund und das Verhältnis zu den Weggefährten

1. Erste Äußerungen aus dem Untergrund – Eine Ideologie wird aufgebaut

Am 5. Juni 1970, fast vier Wochen nach der Befreiung Andreas Baaders, druckt das West-Berliner Untergrund-Blatt »Agit 883« eine der ersten Publikationen der RAF. Überschrieben ist der Aufruf mit »Die Rote Armee aufbauen«. Zudem hat Ulrike Meinhof ein Tonband (»Natürlich kann geschossen werden«) besprochen, auf dem sie die Befreiung ideologisch begründet und eine Art Konzept und Ideologie der RAF präsentiert. Auf dem Band heißt es: »Was wir machen und gleichzeitig zeigen wollen, das ist: dass bewaffnete Auseinandersetzungen durchführbar sind.«[117]

Im Folgenden werden drei Aspekte deutlich: Die RAF weist darauf hin, dass sie zur Tat geschritten ist, dass sie es ernst meint, und sie zeigt sich überzeugt davon, dass die, die sie ansprechen will, die RAF-Praxis gutheißen. Sie überschätzt sich selbst, indem sie gar nicht in Erwägung zieht, dass Sympathisanten oder bisherige Anhänger ihre Vorgehensweise ablehnen könnten. »[...] weil wir glauben, dass diejenigen, denen wir klarmachen wollen, worum es politisch heute geht, [...] dass diese Leute gar keine Schwierigkeiten haben, sich mit einer Gefangenenbefreiung zu identifizieren [...].«[118]

Dennoch hat Meinhof noch nicht völlig die Fähigkeit

einzulenken verloren. Sie bezeichnet die intellektuelle Linke als unentbehrlich, wenn es um ihre Funktion als Initiatoren von politischen Auseinandersetzungen geht. Gleichzeitig ist sie der Meinung, dass die Intellektuellen nicht zur Aktion schreiten würden, obwohl die Revolution nur so, nämlich bewaffnet, vollzogen werden könne. Hier sieht sie also beide Positionen bereits wieder als unvereinbar an. Deshalb hält sie es für unumgänglich, sich jetzt von den Autoritäten der linken Intellektuellen zu trennen und stattdessen diejenigen Teile des Proletariats zu organisieren, die nicht nur die politischen Notwendigkeiten erkennen, »sondern auch ihrer Klassenlage nach in der Lage sind, daraus Konsequenzen zu ziehen und zu Handlungen zu kommen.«[119]

Es wird deutlich, dass Meinhof die Handlung, die Aktion, schlichtweg hochstilisiert. Fast erweckt es den Eindruck, als wiege das Prinzip der Handlung schwerer als die Art der Handlung. Sie versucht möglicherweise unbewusst, die Tat vor sich selbst zu rechtfertigen, indem sie immer wieder gutheißt, *dass* die Gruppe den Schritt von der Theorie zur Praxis vollzogen hat. Die Art der Vorgehensweise aber wird grundsätzlich nicht angeprangert. Hier manifestiert sich bereits, wenn auch weniger extrem als dies später der Fall sein wird, die Kritiklosigkeit und Einseitigkeit in der Sichtweise der Gruppe. »Wir sind also der Meinung, die intellektuelle linke Kritik an der Aktion ignorieren zu können, weil wir uns an ganz andere Gruppen wenden.«[120]

In der Erklärung spricht sie von intellektuellen Schwätzern[121], mit denen sie über die Baader-Befreiung nicht in Dialog treten wolle. Wen die Gruppe ansprechen und solidarisieren will, sagt Ulrike Meinhof im Anschluss daran: Es geht ihnen um die kinderreichen Familien, die Frauen, die Haushalt und Kinder haben und gleichzeitig in den Fabriken arbeiten müssen, und um proletarische Jugendliche, die keine Perspektive haben.

Befremdlich mutet in diesem Zusammenhang die Tatsache an, dass die Gruppe offenbar glaubt, eben diese Personengruppen mit derartigen Handlungen überzeugen und solidarisieren zu können. Die Gruppe ist bereits in ihrer eigenen Ideologie gefangen. Die Bewaffnung wird zudem als unumgängliches Mittel propagiert.

Eine starke Verhärtung des Standpunktes wird auch in der Passage, in der der Schusswaffengebrauch legitimiert wird, deutlich. Der »Typ in der Uniform« wird nicht als Mensch bezeichnet. »Das heißt, wir haben nicht mit ihm zu reden, und es ist falsch, überhaupt mit diesen Leuten zu reden, und natürlich kann geschossen werden.«[122]

Die RAF erkennt für sich eine moralische Verkommenheit des Systems. Menschen, die in Diensten des Staates stehen, personifizieren damit für die Gruppe diese Verkommenheit, die es zu vernichten gilt. Deshalb darf und muss dieser Mensch gemäß RAF-Ideologie vernichtet werden.

In den Publikationen der Gruppe ist militärisches Vokabular immer wieder vertreten. So machen die uniformierten Polizisten die Front aus, die es zu bekämpfen gilt.

In einer dritten Botschaft von Baader und den Weggefährten zehn Monate später, im April 1971, die ebenfalls Ulrike Meinhofs Diktion zu tragen scheint, ist der Standpunkt noch verhärteter. Etliche Genossen werden in dem 14 Seiten umfassenden Traktat als »Schwätzer«

bezeichnet, »für die sich der antiimperialistische Kampf beim Kaffee-Kränzchen abspielt [...].«[123] Zwar wird die Tatsache, dass ein Institutsangestellter bei der Befreiung lebensgefährliche Verletzungen erlitt, kritisiert, allerdings nach wie vor der Aufbau illegaler bewaffneter Widerstandsgruppen – und Bewaffnung bedeutet immer Gefahr für und Gewalt gegen den Menschen – postuliert. Widersinnig erscheint allerdings die Behauptung im Traktat, dass bewaffneter Kampf die Voraussetzung für den Erfolg und den Fortschritt von politischer Arbeit in den Betrieben und legalen Kämpfen darstellt. Nach bewaffneten Aktionen und Gefährdung von Menschenleben ist in der Regel kein legaler Kampf mehr möglich. Entweder ist es gelungen, die Gesuchten zu inhaftieren, oder aber sie finden keine Zustimmung, schon gar nicht bei den Massen.

Auch hier zeigt sich die Isoliertheit und Entferntheit der Gruppe von der Realität. Dennoch unterscheidet sich der Wortlaut in dieser Publikation in einigen Punkten von dem beispielsweise aus den Stammheim-Schriftstücken. So äußert sich Meinhof im April 1971 zu den Aussteigern der RAF, die nach ihrem Weggang nichts zu befürchten hätten. Später ist der Standpunkt der Gruppe weitaus extremistischer, was diesen Aspekt betrifft. Hier ist noch von Genossen, die sich von der Baader-Meinhof-Gruppe getrennt haben, die Rede, während in den späteren Publikationen nur noch von Verrätern in den Reihen der Revolution gesprochen wird.

An anderer Stelle schreibt Meinhof, dass Selbstkritik mit revolutionärer Disziplin zu tun habe. Selbstkritik manifestiert sich aber in den späteren Texten nicht mehr, während in dem Traktat »Das Konzept Stadtguerilla« von einer Chance gesprochen wird, die die Sympathisanten der Gruppe wünschen. Der Terminus »Chance« offenbart in diesem Zusammenhang eine weitaus realistischere und kritischere Einschätzung der Situation als dies später immer wieder der Fall sein wird.

Bezeichnenderweise lässt aber auch dieser Text Rückschlüsse auf die Beweggründe für ihr Handeln zu. Meinhof thematisiert erneut die Bildung der Großen Koalition 1966 und die Notstandsgesetzgebung, mit deren Hilfe der Staat sich das Instrument zum einheitlichen Handeln gesichert habe. Enttäuscht resümiert sie auch, dass es der Regierung gelungen sei, die Neue Linke von den alten Antifaschisten zu trennen, und dass jemand wie Martin Niemöller, Mitglied der Bekennenden Kirche im Dritten Reich, im Wahlkampf für die SPD werbe.

Der Studentenbewegung – und der Aspekt offenbart noch etwas von der Kolumnistin und Friedenskämpferin Ulrike Meinhof – bescheinigt sie ihren Verdienst, schreibt, dass ihr nicht die Puste ausgegangen sei und dass sie ideologiekritisch gewesen sei.[124] Dennoch wird in einer anderen Passage Gewalt aber wieder legitimiert. Zerfallen sei die studentische Bewegung, weil sie sich als ungeeignet erwiesen habe, eine ihren Zielen angemessene Praxis zu entwickeln. Hier wird wieder das Prinzip der Praxis hochstilisiert, von dem Meinhof offenbar eine falsche Idealvorstellung hatte. Immer wieder benennt sie den praktischen Kampf und zitiert Mao Tse Tung, wonach eine gute Theorie, die nicht in die Praxis umgesetzt werde, bedeutungslos werde.[125] Aus diesem Grund hält sie den protestierenden Studenten vor, sie seien wieder an ihre studentischen Schreibtische zurückgekehrt und hätten unnötige Provokationen vermieden, was fast zynisch-ironisch erscheint. Die rigide Haltung manifestiert sich noch einmal am Ende des Traktats, als auf ein Zitat verwiesen wird: »Entweder sie sind ein Teil des Problems oder sie sind ein Teil der Lösung. Dazwischen gibt es nichts.«[126]

Im Herbst 1972, wenige Monate nach ihrer Verhaftung, verfasst Ulrike Meinhof »Die Aktion des Schwarzen September in München – Zur Strategie des antiimperialistischen Kampfes«.

Die westdeutsche Arbeiterklasse bezeichnet sie darin als vom Kapitalismus korrumpiert und absorbiert, so dass eine politische Arbeit sinnlos geworden sei. Der Linken wirft sie opportunistisches Verhalten vor. Die tatsächliche Front der Kämpfe verlaufe zwischen dem Imperialismus und den Völkern der Dritten Welt. Sie resigniert und bilanziert zynisch:

»Das System hat es in den Metropolen geschafft, die Massen so tief in seinen eigenen Dreck zu ziehen, dass sie das Gefühl für ihre Lage als Ausgebeutete und Unterdrückte [...] weitgehend verloren zu haben scheinen [...]. [...] Wer immer anfängt zu kämpfen und Widerstand zu leisten, ist einer von uns.«[127]

Einerseits glaubt sie an die Treue der Massen in den Metropolen zum Staat, andererseits behauptet sie, das System und dessen Unerträglichkeit würden massenhaft empfunden. Ob dieser Widerspruch einen Funken Hoffnung beinhalten soll oder ihr schlichtweg nicht mehr bewusst ist, bleibt zu klären. Noch immer sei die Zeit reif für eine

Offensive der Metropolenguerilla. Die Strategie bleibt jedoch abstrakt und ist weit davon entfernt, eine größere Zahl an Sympathisanten zu finden. Meinhof schreibt teils von einer großen Anziehungskraft des Systems in den Metropolen, teils von großer Anziehungskraft wiederum der Revolution. Optimistische und extrem pessimistische Einschätzungen der Lage wechseln einander ab. Abstrakt und dogmatisch erscheinen die Publikationen als Folge von zunehmendem Realitätsverlust. Es findet keine Analyse, Bilanz oder Bestandsaufnahme hinsichtlich Planung und Vorgehensweise während der zwei Jahre Untergrundkampf statt. So stellt sie beispielsweise die Massenauflage der BILD-Zeitung mit dem Massenbombardement in Vietnam auf eine Stufe.[128]

Ein Grund für das völlig eingeengte Denken dürften die scharfen Haftbedingungen sein, denen sie – mit kurzen Unterbrechungen – immer wieder ausgesetzt ist, insgesamt fast drei Jahre bis zum Stammheimer Prozess. Hungerstreiks schwächen sie zusätzlich.

Ende 1974 eskalieren Streitereien vornehmlich mit Ensslin, die Meinhof vorwirft, der wunde Punkt innerhalb der RAF zu sein.

2. Ulrike Meinhof und das Verhältnis zu Andreas Baader

Als Andreas Baader und Gudrun Ensslin im Februar 1970 vor Ulrike Meinhofs Tür stehen und sie um Hilfe bitten, gewährt sie ihnen Unterschlupf. Anfänglich ist Ulrike Meinhof von Andreas Baader irritiert, weiß nicht recht, was sie von ihm halten soll, dann fasziniert.[129] Später entwickelt sich auch Zuneigung.

Bei den ersten Demonstrationen ist Baader nicht dabei, während des Schah-Besuches sitzt er in einer bayerischen Haftanstalt wegen eines Verkehrsdeliktes ein. Zur Studentenbewegung, so Mario Krebs, sei er schließlich nur aufgrund seiner antibürgerlichen Lebensweise gestoßen.[130] Mit den politischen Debatten im SDS habe er nichts anfangen können. Baader drängte stets zur Tat, zur Aktion.

Ensslin und er machen Ulrike Meinhof in dieser Zeit mehr als ein Mal den Vorwurf, es sei ihr nicht ernst mit ihrer Absicht, etwas zu verändern. Die Angesprochene wiederum kann dem nichts entgegensetzen. Vor allem Baader verlangt von ihr konsequentes Verhalten und meint, dass sie nicht gleichzeitig revolutionäre Politik betreiben und beruflich Karriere machen könne. Meinhof selbst sieht zu diesem Zeitpunkt in ihrer publizistischen Tätigkeit noch immer eine Möglichkeit der politischen Einflussnahme.[131]

Peter Homann, Kunstmaler und ehemaliger Sympathisant der Gruppe, charakterisiert Baader so, dass er theoretisch völlig unfähig gewesen sei und Einfluss dadurch gewonnen habe, dass »er mit Pathos die Überschreitung bürgerlicher Gesetze propagiert und damit die schwankenden Leute in diesem Kreis zu dirigieren« vermocht habe.[132] Er habe das Gefühl vermitteln können, das Überschreiten bürgerlicher Grenzen allein sei schon ein revolutionärer Akt. Außerdem, so Stefan Aust, habe Andreas Baader mittels seines brutalen Charmes es verstanden, Menschen – und vor allem auch Ulrike Meinhof – gleichzeitig anzuziehen und einzuschüchtern, womit es ihm wiederum gelang, eine Abhängigkeit herzustellen.[133]

3. Ulrike Meinhof und das Verhältnis zu Gudrun Ensslin

Noch 1968, dem Jahr der Kaufhausbrandstiftung und dem Dutschke-Attentat, kritisiert Ulrike Meinhof die politischen Ziele und die Vorgehensweise von Baader und Ensslin, bemüht sich aber gleichzeitig, ihnen gerecht zu werden und die Handlung zu legitimieren. Trotz der politischen Differenzen ist sie von der Radikalität und Konsequenz der Gudrun Ensslin beeindruckt, mit der diese ihren eigenen Überzeugungen folgt.

Ensslin hat – im Gegensatz zu Meinhof – längst die Barriere zur Aktion überwunden und sich auch sonst bereits viel mehr von der Gesellschaft losgelöst. Im Kaufhausbrandstifter-Prozess zieht sie rigoros eine Trennlinie zwischen sich und dem Staat: »Gegen eine Klassenjustiz, in der die Rollen verteilt sind, lohnt sich eine Verteidigung nicht.«[134]

Während die Journalistin noch zwischen Empörung und Hemmungen, ihre Wut in Aktionen umzusetzen, schwankt, hat sich die Pfarrerstochter Ensslin schon ein gutes Stück von der Dialogebene entfernt. Im Prozess sagt sie dazu: »Dass wir das Falsche gemacht haben, das haben wir deutlich genug gesagt. Aber wir haben keinen Grund, darüber mit der Justiz oder mit dem Staat zu diskutieren.«[135]

Auch beeindruckt Meinhof die Tatsache, dass Ensslin

rigide sämtliche Brücken hinter sich abgebrochen hat. Zwar schreckt sie selber noch weit davor zurück, ihre Kinder zurückzulassen, doch bewundert sie, mit welcher Konsequenz Ensslin einen Strich unter ihr bisheriges Leben gezogen hat, weshalb ihre Gedanken in den folgenden zwei Jahren immer wieder um dieses Thema kreisen werden. Noch während des Prozesses besucht Meinhof die Angeklagte und zeigt sich beeindruckt davon, mit welcher Vehemenz diese ihre Aktion vollzogen hat und sie nun rechtfertigt. Erst später ist das Verhältnis zwischen beiden, auch aufgrund der erschwerten Haftsituation, gestört.

4. Die Spaltung zwischen Andreas Baader und Ulrike Meinhof

Bereits im Jahr nach der Befreiung Baaders war das Verhältnis zwischen Meinhof und Andreas Baader gestört. Streitereien aufgrund der angespannten Situation, sprich dem Leben in der Illegalität, häuften sich und begannen, die Gruppe zu spalten. Baader wollte stets Taten sehen und war für den Aktionismus. Meinhof plädierte dagegen für Zurückhaltung. Darüber gerieten beide aneinander und schließlich gelang es Baader, seine Führungsposition immer wieder zu behaupten und Meinhof einzuschüchtern.

Die Tendenz Ulrike Meinhofs zum Abwägen geht noch einmal mit ihrer ursprünglichen Verhaltensweise konform. Sie reflektierte als Kolumnistin immer detailliert, dachte einen Schritt bis zum Ende durch, reagierte dann besonnen. Sie zeigte gewöhnlich Lösungs- und Diskussionsansätze auf, was in den späteren RAF-Publikationen völlig ausblieb.

Dennoch, so Meinhofs Tochter Bettina Röhl, habe sie »unsäglich« an »diesem Baader« gehangen.[136] Er verkörperte durch sein dominantes, aggressives Auftreten einen bestimmten Führungstypus, der offenbar sowohl Gudrun Ensslin als auch Ulrike Meinhof für sich einnahm. Auch Baader habe aber an Meinhof etwas bewundert und zwar deren etablierte Stellung und damit das, was er selbst nicht vorweisen konnte. Zwei Pole zogen sich auf diese Weise an. Jeder entdeckte beim anderen das, was er selbst nicht hatte und gern besessen hätte. Diese Anziehungskraft bewog sicherlich auch die beiden Frauen dazu, Baader aus der Haft zu befreien, obwohl Meinhof lediglich als passive Helferin fungieren sollte.

5. Letzte Publikationen von Ulrike Meinhof

Kennzeichnend für die Sprache in Ulrike Meinhofs letzten Publikationen ist, dass sich der Sprachstil deutlich von dem aus den *konkret*-Kolumnen abhebt. Ihr Schreibstil wirkt abstrakt, realitätsfern, fast mechanisch; sie will offenbar keinen außer ihren wenigen Terrorismus-Weggefährten damit erreichen. Die große Distanz, die sie längst zwischen sich und die Gesellschaft gebracht hat, und das Gefangensein in der eigenen Ideologie werden deutlich und erscheinen unüberbrückbar. Ihr Sprachstil lässt keinen Platz für die Vermutung zu, Meinhof könne auch nur entfernt die Sicht- und Vorgehensweise der Gruppe anzweifeln.

»Freiheit gegen diesen Apparat ist nur in seiner vollständigen Negation, d. h. im Angriff gegen den Apparat möglich, im kämpfenden Kollektiv, das die Guerilla wird, werden muss [...].«[137]

Das Kollektiv, so Meinhof, sei die Gruppe, die als Gruppe denkt, fühlt und handelt. Über Andreas Baader:

»Er ist Führung in der RAF, weil er von Anfang an das war, was die Guerilla am meisten braucht: Wille, Bewusstsein des Ziels, Entschlossenheit, Kollektivität. [...] Wir haben im Prozess fünf Jahre von Andreas gelernt – weil er das ist, was wir das Beispiel nennen – nämlich einer, von dem man lernen kann – kämpfen, noch mal kämpfen und wieder kämpfen [...]«[138]

Termini wie »Kollektiv«, »Antizipation«, »Prozess« kehren als Begriffe immer wieder und dominieren die Sprache. 1976 nennt sie als das, was in der Bundesrepublik bekämpft werden müsse, den postfaschistischen Staat, die Konsumentenkultur, die Massenmanipulation durch Medien, die psychologische Kriegsführung und die Sozialdemokratie.

Hier wird die Sozialdemokratie nicht mehr wie noch 1966 als das kleinere Übel gesehen, sondern als Bestandteil des zu Bekämpfenden.

Empörung, schreibt sie, sei keine Waffe gegen die Repression, mit der man es zu tun habe. Waren ihre Kolumnen noch geprägt von Termini wie »Vernunft«, »Realismus« und »Intelligenz«, die Charakteristika für eine friedliche Auseinandersetzung sind, wird jetzt jede Diskussion rigide abgelehnt.

Die Entgegnung auf die Studentenunruhen bezeichnet sie als Liquidatorenposition gegen die antiimperialistische

Protestbewegung. Klassenkampf beziehungsweise Klassenkrieg ist in ihren Augen die Realität, in der sich proletarische Politik realisiere. Verstellt ist ihr Blick auf die Realität, wenn sie nach wie vor an den Erfolg der Guerilla glaubt beziehungsweise glauben will.

Anfang Mai 1976 schreibt Ulrike Meinhof in Stammheim zum Thema »Oktoberrevolution – 3. Internationale« von einer national bornierten Linken, die sich auf Lenin berufe, und von der Hetze der revisionistischen Linken, die gegen den Internationalismus der RAF eine Rolle spiele. Die Ziele der Linken sind für sie mit den ihrigen unvereinbar.

Antikoloniale Revolution und bewaffneter Kampf kehren als Stichworte immer wieder in den Stammheim-Texten. Sie lassen keinen Platz mehr für Weitsicht, mehrere Meinungen. Sie schreibt von drei Entwicklungsmodellen, dem sowjetischen unter anderem, das den antiimperialistischen Kampf unterstütze, und dem sozialdemokratischen, das die Konterrevolution organisiere.

Es manifestiert und offenbart sich immer wieder eine krasse Ablehnung der Linken, der SPD, der Sozialdemokraten, anhand derer deutlich wird, dass längst keine Identifikation vonseiten Meinhofs mit ihr mehr möglich ist.

In einer Erklärung der RAF-Gefangenen vom Januar 1976 ist von der verzerrten, korrumpierten und total manipulierten Öffentlichkeit die Rede.

»Hätte die bürgerliche Öffentlichkeit, die hier erlaubt ist oder beobachten lässt, noch eine Kontrollfunktion, wäre der Prozess unmöglich.«[139]

Einer militarisierten Justiz schreibt sie Unfähigkeit zur politischen Artikulation zu. »Wir führen diesen Prozess oder wir haben es versucht, um [...] seine [die des Staates] Schwäche zu zeigen und zu interpretieren.«[140] Der »Veranstaltung«, dem Prozess also, bescheinigt sie Bedeutungslosigkeit bei der Entwicklung der Stadtguerilla. »Das Verfahren«, so Meinhof, »betrifft uns inhaltlich nicht.«[141]

Der bewaffnete Kampf aus der Illegalität wird einmal mehr als einzige Möglichkeit im Imperialismus zu praktisch-kritischer Tätigkeit gesehen. Für die Bundesanwaltschaft gehe es hingegen darum, das Neue, den neuen Menschen, die neue Gesellschaft, deren Keimform die Guerilla in ihrer Identität von Macht, Subjektivität, Lernprozess, Praxis sei, zu vernichten.

Auffällig ist, dass Ulrike Meinhof nur noch in ihrem eigenen Vokabular, in ihrer eigenen Sprache spricht und schreibt, was zeigt, dass sie sich extrem von einer Dialogbasis entfernt hat. Sie versucht ausführlich und immer wieder, ihre Weggefährten zu legitimieren (vornehmlich Baader). Ihre Publikationen haben Monologcharakter, ein Dialog ist scheinbar in keinster Weise mehr beabsichtigt.

»Revolutionäre Theorie ist kritische Theorie [...]«,[142] schreibt sie, wobei sie allerdings selbst nicht mehr kritisch ist oder ihre eigene Anschauung und Vorgehensweise hinterfragt. Sie bezeichnet den Staat als Maschine, die zu keiner anderen Wahrnehmung als zur Selbstbespiegelung fähig sei und die nur reproduziere. Aber sie selbst nimmt auch nur noch einseitig wahr und presst alles in ihre Sprache und ihre Anschauung. Das Verhältnis von Proletariat zum imperialistischen Staat bezeichnet sie als Todfeindschaft, als antagonistisch, als Klassenkrieg.[143]

1976 notiert sie zur Geschichte der Bundesrepublik und zur alten Linken:

»Wir wissen auch kein Land, um es mal so zu sagen, in dem
sich die Linke so impertinent weigert, ihre eigene Geschichte,
die die Geschichte ihrer Niederlagen ist, [...] zur Kenntnis
zu nehmen. [...] lässt sich einfach nicht abstreiten, dass die
legale Linke sie [die Mobilisierung 1966/67] vermarktet, kon-
sumiert, in ihrer Erinnerung zum Objekt ihrer Euphorien
gemacht hat, aber genau nie die Anstrengung unternommen,
zum Begriff dessen zu kommen, was wirklich gelaufen ist,
woher die Studentenbewegung ihre Explosivkraft nahm, die
politische Relevanz ihrer Subjektivität usw.«[144]

Meinhof bilanziert resigniert die ihrer Ansicht nach von
Anfang an antikommunistische Politik in der Bundesrepublik:

»Als '49 nach Gründung der Bundesrepublik schließlich
Wahlen stattfinden konnten, war die Währung der Bundesrepublik bereits in das Dollarsystem von Bretton Wood
integriert, hatte der parlamentarische Rat nach den Auf-
lagen der Alliierten und das heißt der USA diesem Staat
eine Verfassung gegeben, in der die Richtlinien der Politik
von *einer* Figur, dem Kanzler, gemacht werden – das heißt
die Verfassung eines Marionettenregimes, wenn man von
der Praxis und der Realität des Adenauerregimes ausgeht
und mal nicht von den verfassungsrechtlichen Rationa-
lisierungen, mit denen man vorgab, aus Weimar gelernt
zu haben.«[145]

Erneut macht sie für sich eine Kontinuität der Bundesrepublik mit dem Dritten Reich aus. Die Bundesrepublik
sei als Staat für die amerikanische Außenpolitik instru-
mentalisiert worden. Ebenso sei die Sozialdemokratie vom
US-Kapital sowie von den vom CIA finanzierten und
kontrollierten Gewerkschaften gekauft worden.

»So ist zu verstehen, dass sich keine Oppositionsbewegung in der Bundesrepublik in der Zeit bis zur Studentenbewegung auch nur bis zu einem Reflex im Parlament durchkämpfen konnte – weil alle Oppositionsbewegungen von der Sozialdemokratie usurpiert und abgewürgt worden sind [...].«[146]

Oppositionelle Bewegungen vonseiten der SPD habe es bis etwa 1960 noch gegeben, danach allerdings seien sie ausgeblieben. Sie beklagt außerdem, dass die politische Direktionsgewalt des Staates nie an seine eigenen verfassungsmäßigen Organe übergegangen sei.

Noch einmal macht sie die SPD zum Sündenbock: »Wesentlich ist, dass dieser Staat zu seiner heutigen Funktion für das amerikanische Kapital nur durch die bestimmte Rolle und Funktion der deutschen Sozialdemokratie kommen konnte.«[147]

Hier wird ihre Überzeugung deutlich, nur die SPD habe besagte Entwicklung verhindern und etwas bewegen können. Was die außerparlamentarische Linke, die sich dem Prozess der Spaltung, der Militarisierung, der Integration in die NATO und der Politik der Rückeroberung der so genannten »Deutschen Ostgebiete« widersetzt hatte, betrifft, so sei diese bis 1960 etwa paralysiert gewesen.

»Wenn man in einem Wort sagen will, wodurch sich die Sozialdemokratie schließlich für das US-Kapital qualifiziert hat, muss man sagen: durch Demagogie.«[148]

Die Befreiung Baaders begründet sie damit, dass es die Befreiung eines Revolutionärs, eines Kaders gewesen sei, der für den Aufbau der Metropolenguerilla unentbehrlich sei. Diese Aktion sei exemplarisch gewesen, weil es im antiimperialistischen Kampf überhaupt um Gefangenenbefreiung gehe – und zwar aus dem Gefängnis, das das System für alle ausgebeuteten und unterdrückten Schichten des Volkes schon immer sei. Sie schreibt, mit dem bewaffneten Kampf und der Vernichtung des Systems gebe es alles zu gewinnen, auch wenn dies erst in einem langwierigen Prozess der Entwicklung der militär-politischen Offensive der Guerilla, der Entfesselung des Volkskriegs real werden könne.

Baaders Funktion innerhalb der RAF sei die Orientierung. Bei der Gruppe selber handele es sich um keine Partei, sondern um eine politisch-militärische Organisation. Meinhof betont noch einmal, dass es nur ein »Entweder-Oder« gebe, das heißt: Entweder man kämpft oder man lässt sich für die Zwecke des Systems real instrumentalisieren, womit die tiefe Kluft zwischen Staat und Gesellschaft auf der einen und der RAF auf der anderen Seite evident wird.

6. Für und wider den Ausstieg aus der RAF

Während des Prozesses in Stuttgart-Stammheim äußert sich Ulrike Meinhof am 28. Oktober 1975 zu den Möglichkeiten eines Ausstieges:

»Wie kann ein isolierter Gefangener den Justizbehörden zu erkennen geben, angenommen, dass er es wollte, dass er sein Verhalten geändert hat? [...] Das heißt, es gibt in der Isolation exakt zwei Möglichkeiten: Entweder sie bringen einen Gefangenen zum Schweigen, das heißt, man stirbt daran, oder sie bringen einen zum Reden. Und das ist das Geständnis und der Verrat.«[149]

Mario Krebs weist darauf hin, dass es Meinhof bei ihrer Äußerung nicht um das Problem des Ausstiegs gegangen sei, sondern um die Folgen und bezweckten Ziele der Isolationshaft. Sie hätte die Gruppe jedoch nicht verlassen. Ihrem Verständnis von Konsequenz und Loyalität hätte dies widersprochen.

Für diese These spricht einiges. Selbst gesetzt den Fall, sie hätte insgeheim Lücken in der Argumentation der RAF oder gar eine Sinnlosigkeit in verschiedenen Aktionen erkannt, von dem bundesrepublikanischen System hatte sie sich bereits längst und unwiderruflich losgesagt. Hier gab es keinerlei Übereinstimmung, betrachtet man unter anderem die Tatsache, wie früh sie bereits die SPD als Opposition scharfer Kritik unterzieht. Und ebenso kritisiert sie relativ früh die übrige Linke. Sie traute ihr keine folgenreichen Veränderungen mehr zu, sah in der linken Opposition teils ein Opfer des Systems, sprach sogar von einer Art Gleichschaltung, wenn es um die Linke in den unterschiedlichsten Bereichen des öffentliche Lebens ging.

Dem anderen Teil der Linken wiederum unterstellt sie opportunistisches Verhalten und reduziert ihn zur Stütze des politischen Systems. In der Publikation »Die Rote Armee aufbauen« schreibt sie: »Die auf das Geschwätz der ›Linken‹ nichts geben können, weil es ohne Folgen und Taten geblieben ist.«[150]

Hier klingt noch einmal deutlich die Enttäuschung über die Linke durch und die tiefe Überzeugung, nur durch Praxis und Aktionen etwas verändern zu können.

In »Dem Volk dienen – Stadtguerilla und Klassenkampf« kommen zum wiederholten Mal Meinhofs Wut und ihre tiefe Enttäuschung über die Linke zum Ausdruck:

»Die westdeutsche Linke hat zu Brandts Persien-Besuch geschwiegen. Sie hat ihn dort schwatzen lassen. [...] Mit ihrer Erkenntnis, dass nicht sie, die intellektuelle Linke, die Verhältnisse ändern kann, sondern nur die proletarischen Massen, nur die westdeutschen Massen die Konzerne enteignen können, [...] hat diese Linke aufgehört, den Faschismus des Schah, die Herrschaft westdeutschen Kapitals in der Dritten Welt zu kritisieren.«[151]

Einem Teil der Linken spricht sie zudem Engstirnigkeit und Dogmatismus zu. Aufs Schärfste distanziert sich Meinhof auch von den Aussteigern aus der RAF. Peter Homann und Karl-Heinz Ruhland werden ausschließlich als Verräter tituliert, die zurückwollten an ihren angestammten Platz in der Klassengesellschaft.

Meinhof dazu: »Ruhland fühlt sich in seiner alten Rolle als krimineller Proletarier wohl, in Handschellen und ausgebeutet.«[152]

Immer wieder kristallisiert sich in dieser Publikation die Reduzierung auf Mitglied oder Verräter heraus. Das lässt Rückschlüsse auf ihre eigene fatale Verstrickung in die Gruppe und ihre rigide Entweder-Oder-Haltung zu. »Verräter müssen aus den Reihen der Revolution ausgeschlossen werden. Toleranz gegenüber Verrätern produziert neuen Verrat. Verräter in den Reihen der Revolution richten mehr Schaden an, als die Polizei ohne sie anrichten kann.«[153]

Gegen den Ausstieg aus einer solchen Gruppe, wie es die Rote Armee Fraktion war, spricht außerdem, so die Kriminologin Helga Einsele – und das war sicherlich auch bei Ulrike Meinhof der Fall – das Phänomen der »absoluten Inzucht«[154], in der die Gruppenmitglieder lebten. Dadurch, dass die Mitglieder ununterbrochen miteinander redeten, steigerten sie sich immer weiter in das hinein, was sie tun und ideologisch für richtig halten wollen. Die Folge sei, dass sie den Kontakt zur Realität nahezu vollständig aufgeben würden. Das Gesichtsfeld werde damit auf fatale Weise eingeengt. Und schließlich sei man auch bereit, sich dafür zu opfern.

Was die Möglichkeiten des Ausstiegs aus der RAF betrifft, muss auch erwähnt werden, dass die Weggefährten von Meinhof sie bereits zu tief in das Geschehen mitverstrickt hatten. Nicht nur die Tatsache, dass Ulrike Meinhof nun steckbrieflich gesucht wurde, hatte ihr den Rückweg verbaut, sondern auch der bereits genannte Aspekt ihrer fatalen Entweder-Oder-Haltung. Wofür sie sich einmal entschieden hatte, gab sie nicht auf. Es galt für sie, einen Weg konsequent bis zum Ende zu gehen. Dafür brach sie sogar schließlich den Kontakt zu ihren Kindern ab.

Gleichzeitig wollte sie nach wie vor etwas bewegen und bereute offenbar nicht, den Schritt von der Theorie zur Praxis, vor dem sie so lange Zeit zurückgeschreckt war und was sie sich selbst zum Vorwurf gemacht hatte, getan zu haben. Nur mit der Gruppe glaubte sie, auch künftig noch etwas bewegen zu können. Ob sie aber möglicherweise auch nur davor zurückgeschreckt war, sich das Scheitern der Bewegung einzugestehen – was eventuell ähnlich fatale Folgen für sie gehabt hätte – und umzukehren, bleibt zu klären.

Im Grunde hatte sie Anfang 1970 zwischen zwei Stühlen gesessen. Baader und Ensslin waren Leute der Tat gewesen und das hatte die ehemalige Vorzeigejournalistin beeindruckt. Allerdings waren sie auch von der Verwirklichung Meinhofs ursprünglicher Ziele abgewichen. Sie hatten lediglich ihr Leben im Untergrund finanziert und sich erst im Nachhinein eine Ideologie gegeben. Dies aber wollte oder konnte Ulrike Meinhof nicht erkennen.

Des Weiteren ist der Tenor des Schreibens von Andreas Baader vom 24. Januar 1972 an das Münchner Landesbüro der Deutschen Presse-Agentur signifikant und viel sagend: »Kein Typ von der RAF denkt daran, sich zu stellen. [...] Erfolgsmeldungen über uns können nur heißen: verhaftet oder tot. Die Stärke der Guerilla ist die Entschlossenheit jedes Einzelnen von uns.«[155]

Mit diesem Wortlaut suggeriert Baader den anderen Gruppenmitgliedern geschickt ein hohes Maß an Gruppenzugehörigkeit und starker innerer Überzeugung, vereinnahmt damit aber auch die anderen für die Sache. Er verbaut den Weg zurück und nennt als einzige Möglichkeit, die Gruppe zu verlassen, den Tod oder die Verhaftung.

All dies lässt auch Ulrike Meinhof sich immer tiefer in die Rote Armee Fraktion und ihre Praktiken und Ideologie verstricken.

Signifikant ist auch die Äußerung von Baader, Ensslin, Meinhof und Jan-Carl Raspe in einem *SPIEGEL*-Interview vom Januar 1975. Geradezu fatalistisch kommentiert die Gruppe den Ausstieg von Karl-Heinz Ruhland und die Tatsache, dass Gustav Heinemann in seiner Funktion als Bundespräsident den Aussteiger begnadigt hat.

»Wie er [Heinemann] als Präsident Ruhland begnadigt

hat, hat er mit seinen Briefen die Todesurteile der Bundesanwaltschaft gegen uns propagiert [...].«[156]

Ein Aussteiger, so der Tenor, gefährde also das Leben der anderen und sei entscheidend für dessen Ende verantwortlich.

Auffällig in diesem Interview ist, dass die Gruppe in ihren Kernpunkten verbohrt und völlig unzugänglich ist. In den Antworten wird die Strategie der Stadtguerilla ebenso wie das Phänomen des Faschismus beziehungsweise der Faschisierung und Refaschisierung im Kalten Krieg durchgehend wiederholt. Die permanente Negation des bundesrepublikanischen Staates zieht sich wie ein roter Faden durch das Interview.

»Eine Demokratie, die nicht erkämpft, dem Volk nur aufgestülpt wurde, hat keine Massenbasis, kann nicht verteidigt werden, wird es nicht.«[157]

Die Häftlinge leben in ihrer eigenen Welt. Der Vorwurf der Realitätsferne wird jedoch von ihnen zurückgewiesen. Wieder erschöpft sich die Rechtfertigung der Gruppe in RAF-typischen Phrasen. Laut RAF würden immer mehr Menschen den Staat als das erkennen, was er in Wahrheit sei, nämlich eine Unterdrückungsmaschine gegen das Volk. Als rühmlicher Aspekt muss noch einmal die Tatsache herhalten, die auch Ulrike Meinhof zu einem guten Teil dazu bewogen hatte, in den Untergrund zu gehen: Die RAF brüstet sich damit, gehandelt zu haben, wenngleich sich dieses Handeln auch nur schlichtweg in kriminellen Aktionen erschöpft hat.

Verneint wird die Tatsache, dass man als Gruppe mit jener Anschauung allein und isoliert dastünde: »Es ist dümmlich, uns beim Stand der gegenwärtigen antiimperialistischen Kämpfe in Asien, Lateinamerika, Afrika, in Vietnam, Chile, Uruguay, Argentinien, Palästina mit einem Begriff wie ›Alleingang‹ zu kommen.«[158]

Allerdings schien der Fahndungsaufwand Baader und dessen Weggefährten Auftrieb gegeben zu haben. So wird Bezug genommen auf eine Neujahrsansprache von Bundeskanzler Helmut Schmidt, in der die RAF zu den fünf den Staat am meisten bedrohenden Entwicklungen des Jahres 1974 gezählt wird. Dies ist Wasser auf die Mühlen der Terroristen.

Abgestritten wird von der Gruppe auch der Vorwurf, die Gewaltanwendung stoße große Teile ab, anstatt sie zu mobilisieren und zu solidarisieren. Gewalt und militärische Aktionen würden lediglich die Eckpfeiler des Systems abstoßen. Die Gruppe hingegen versteht sich nach wie vor als Teil des Volkes, als proletarisch und als die Gruppe, die gegen die tatsächlichen Feinde des Volkes kämpft. Sie suggeriert somit bis zum Schluss, für eine gerechte Sache, nämlich für das Volk und gegen die es unterdrückenden Kräfte, zu kämpfen. Verächtlich wird auf Aussteiger geblickt und Verrat respektive Ausstieg praktisch mittels psychischer Gewalt ausgeschlossen und somit verhindert.

In der Nacht vom 8. auf den 9. Mai 1976 begeht Ulrike Meinhof in der Haft Selbstmord.

8. Kapitel:
Der Nährboden für den Terrorismus und das, was übrig blieb

1. Zu den Motiven und Wurzeln des Terrorismus in Deutschland und den Beweggründen von Ulrike Meinhof für ihr Handeln

Die Rote Armee Fraktion entstand 1969/70 aus den radikalen Basisströmungen der APO.[159] Die Problematik der Dritten Welt, ein Begriff, der in den 60er Jahren entstand, die Hungernden, Unterdrückten, Ausgebeuteten, die Kriegsopfer in Vietnam verschmolzen zum Kernthema des sich anbahnenden Protests. Gleichzeitig hatte sich eine Aversion gegen die wohlständischen Verhältnisse und die glimpfliche Verfolgung von NS-Tätern bei vielen jüngeren Menschen aufgestaut. Überdies war eine beispiellose Verfolgung von allem Linksgerichteten speziell in den 50er Jahren zu verzeichnen gewesen. Die Kommunisten waren in den zwei Jahrzehnten nach Kriegsende Zielscheibe umfangreicher verwaltungsbehördlicher, polizeilicher und strafgerichtlicher Maßnahmen gewesen und ein erklärtes Feindbild in der noch jungen Bundesrepublik. Ende der 50er Jahre waren sie infolge eines Gesetzeserlasses nach und nach aus den Kommunalparlamenten verschwunden.

Ein Indiz dafür, dass die Bundesrepublik noch immer faschistische Züge trug und Überwachungscharakter hatte, war für Ulrike Meinhof 1962 ein weiteres Ereignis: die *SPIEGEL*-Affäre.

Im Auftrag der Bundesanwaltschaft durchsuchte die Polizei im Oktober die Redaktionsräume des *SPIEGEL*. Augstein und weitere leitende Redakteure wurden schließlich unter dem Verdacht des Landesverrats verhaftet. Anlass für die Aktion war ein *SPIEGEL*-Beitrag vom 10. Oktober gewesen, der nach Ansicht des Bundesverteidigungsministeriums geheime Informationen enthalten hatte. Die Folge war, dass das Vorgehen der Polizei im In- und Ausland als Verstoß gegen die Pressefreiheit gewertet wurde. Viele Journalisten sahen in der Vorgehensweise einen Racheakt von Verteidigungsminister Franz Josef Strauß, der des Öfteren im Kreuzfeuer der Kritik des Nachrichtenmagazins gestanden hatte.

Einen Monat später wurde die Redaktion nach Durchsicht umfangreicher Unterlagen wieder freigegeben. Strauß, der sich in widersprüchlichen Aussagen über seine Beteiligung verstrickte, trat am 30. November zurück. Die Eröffnung des Hauptverfahrens wurde drei Jahre später vom Bundesgerichtshof abgelehnt.

Evident war in den 60er Jahren zudem die Furcht vor der Wiederbewaffnung, vor dem Tod durch atomare Waffen und der Bau der Mauer am 13. August 1961 erschütterte die Deutschen zusätzlich. Die eigenen Landsleute avancierten im Kriegsfall offiziell zu Feinden.

Die Dritte Welt wuchs in den Köpfen der Revolutionäre zum Ersatzproletariat, das es zu befreien galt. Die Unzufriedenheit der Jugendlichen nahm zu. Die jungen Studenten sahen sich in zunehmendem Maße als austauschbare Elemente in einer langen Kette an. »Unter den Talaren der Muff von tausend Jahren« wurde zum geflügelten Wort.

Die Bundesrepublik hatte die Aufbaujahre hinter sich gelassen. Das Wirtschaftswunder war eingetreten, aber auch der Kalte Krieg zwischen Ost und West und die dadurch bedingte forcierte Wiederaufrüstung beherrschten das Denken. Mehr und mehr hinterfragte die Nachkriegsgeneration die Prinzipien der konformistischen Gesellschaft mit ihren alten Nazi-Würdenträgern sowie den elitären Status des Hochschullehrpersonals.

Politische Betätigungen an den Hochschulen waren nicht üblich. Schon kleinste Signale sprengten die Kette der Prüderie. Der *SPIEGEL* dazu:

»Bis dahin war die Bundesrepublik Deutschland eine Art wilhelminischer Obrigkeitsstaat, in dem sich der Untertan schon dann rechtwidrig verhielt, wenn er sich öffentlich über einen Polizisten empörte, der sich rechtswidrig verhielt; ein Land, in dem das Gitarrespielen an einem Brunnen ausreichte, um einen Polizeiaufmarsch auszulösen, und in dem junge Polizisten [...] gedrillt wurden, als sollten sie in den Bürgerkrieg ziehen.«[160]

Hinzu kam, dass 1966 die bis dahin florierende bundesdeutsche Wirtschaft Bruchstellen zeigte. Die rechtsradikale NPD konnte Stimmenzuwächse verzeichnen.

Herzstück und gleichzeitig Kopf der Studentenbewegung war der SDS, der Sozialistische Deutsche Studentenbund, der 1946/47 als Studentenverband der SPD gegründet worden war. Wiederbewaffnung und atomare Rüstung hießen die zu Ziele. Die SPD schwor jedoch mehr und mehr den marxistischen Theorien ab und verhielt sich zunehmend regierungskonform.

Der SDS hatte harsche Kritik am Godesberger Programm aus dem Jahr 1959 geübt und war daraufhin zwei Jahre später aus der SPD ausgeschlossen worden.

Im Godesberger Grundsatzprogramm hatte die Partei den Schritt zur linken Volkspartei vollzogen und Bündnisfähigkeit zum Westen sowie Koalitionsfähigkeit im Innern angestrebt. Wesentliche Programmpunkte waren das Bekenntnis zur Landesverteidigung und die grundsätzliche Bejahung der freien Marktwirtschaft mit der einschränkenden Forderung nach öffentlicher Kontrolle wirtschaftlicher Machtkonzentration.

Ab 1966 und besonders nach Bildung der Großen Koalition formierte sich eine Außerparlamentarische Opposition (APO). Studentenproteste in den USA, die über spezifisch US-amerikanische Themen wie Rassismus oder Vietnampolitik hinausgingen, wurden in der Bundesrepublik zunächst in Berlin und Frankfurt aufgegriffen. Nach Bildung der Großen Koalition führten dann Zweifel an der parlamentarischen Ordnung und der Kontrollfähigkeit des Parlaments zu einem weiteren Zulauf der »Neuen Linken«. Politik erschien, besonders nach Bildung der Großen Koalition, als das, als was sie in Deutschland stets gegolten hatte, nämlich als schmutziges Geschäft.

Die Protestaktionen in der Bundesrepublik richteten sich aber auch gegen die verkrusteten Strukturen im Bildungsbereich. Gefordert wurde eine Demokratisierung der Hochschulen. Darüber hinaus wandten sich die Proteste aber auch gegen die als repressiv empfundene Gesellschaft.

Erste größere Auseinandersetzungen zwischen Studenten und Staatsmacht fanden am 18. Dezember 1964 beim Besuch des kongolesischen Ministerpräsidenten Moise Tschombe statt. 600 deutsche und schwarzafrikanische Studenten durchbrachen unter Führung des SDS die Polizeiketten und bewarfen Tschombe mit Eiern und Tomaten.

Und mit Blick auf den Krisenherd Vietnam wurde von Berliner Studenten das Wintersemester 1965/66 zum »Vietnam-Semester« erklärt.

Mit dem tödlichen Schuss auf Benno Ohnesorg ein Jahr später schloss sich dann der Kreis für die revoltierenden jungen Leute. Man wähnte sich wieder bei Auschwitz angelangt.[161] Der 2. Juni war ein Schlüsselerlebnis, die eigene Hemmschwelle sank. Die Brutalität von Staat und Gesellschaft war evident geworden.

An diesem 2. Juni besuchte der Schah von Persien mit seiner Frau Berlin. Schärfste Sicherheitsvorkehrungen waren für diesen Besuch getroffen worden. Ulrike Meinhof hatte im Vorfeld in einem offenen Brief an die Frau des Schahs in *konkret* die politischen und sozialen Verhältnisse in Persien scharf kritisiert und auch persische Exilstudenten hatten ihren Unmut über die Politik des Diktators kundgetan. Nachdem zusätzlich Kommunarden mobilisiert hatten, rief auch der SDS zur Demonstration auf.

Als sich das Kaiserpaar am Abend in der Deutschen Oper aufhielt, initiierten Polizeikräfte und regimetreue Perser, die so genannten »Jubelperser«, eine im Nachkriegs-Berlin bisher nicht gekannte Knüppelei. Mit extremer Brutalität gingen die Polizisten gegen die Demonstranten vor. Absichtlich wurde an diesem Abend – nachdem es schon am Morgen zu Zusammenstößen gekommen war – die Lüge kolportiert, ein Polizist sei von Demonstranten ermordet worden. Das Klima war aufgeheizt. Berlins Bürgermeister Heinrich Albertz ordnete an, für Ruhe und Ordnung zu sorgen.

Mitten im Geschehen standen sich schließlich der 26-jährige Romanistikstudent Benno Ohnesorg und der 39 Jahre alte Kriminalobermeister Karl-Heinz Kurras gegenüber. Laut Augenzeugen war die entsicherte Pistole des Polizeibeamten etwa einen halben Meter von Ohnesorgs Kopf entfernt, als sich ein Schuss löste, der den Studenten schwer verletzte. Um den Verletzten kümmerten sich die Beamten zunächst nicht; die Studentin Friederike Hausmann versuchte, Hilfe zu leisten.

Im *SPIEGEL* schildert sie, wie ihr erst im Nachhinein die Tragweite dieses Ereignisses bewusst wurde. So sei ihr erst am nächsten Morgen bewusst geworden, dass am Tag zuvor ohne Vorwarnung Gewalt seitens des Staatsapparates angewandt worden war, die in keinem Verhältnis zu den Aktionen der Studenten gestanden hatte. Aus dem »Studentenspaß« war blutiger Ernst geworden.[162]

Der Tod des Studenten bedeutete für die Demonstrierenden eine Symbolhandlung, durch die die Entschlossenheit und Unnachgiebigkeit des Polizeiapparates demonstriert werden sollten.

Auch für Ulrike Meinhof dürfte dieses Ereignis einen erneuten Schlag, erneutes Entsetzen, Wut und Enttäuschung bedeutet haben, nachdem sie bereits die Wiederaufrüstung, den Kurswandel der SPD, die harte Debatte über die Notstandsgesetzgebung miterleben musste.

Der Tod Ohnesorgs ließ für die Journalistin offenbar erneut die faschistischen Züge des bundesrepublikanischen Systems sichtbar werden.

Als Antwort auf den Tod von Benno Ohnesorg kam es zu einer Serie politisch-ideologisch motivierter Gewaltaktionen. Für die Revoltierenden war offenkundig geworden, dass Gewaltlosigkeit als verbindliche Übereinkunft sich nicht mehr halten ließ. Zwei Monate später bezogen in Berlin Anti-Vietnam-Demonstranten, die eine US-Militärparade störten, Prügel von den Zuschauern. In den folgenden zwei Jahren rüstete die Polizei weiter auf und war bemüht, erneute Unruhen zu verhindern. Ende der 60er Jahre, so ein Polizist im *SPIEGEL*, seien aber bereits Tendenzen zu erkennen gewesen, dass sich die Studenten zu trennen begannen – in solche, die durchaus noch dialogbereit waren, und wiederum solche, für die ein Polizeibeamter unwiderruflich zum Feind avanciert war, den es unter allen Umständen zu bekämpfen galt. Der Nährboden für den Terrorismus war bereitet.

Zu einer Art Parteibuch waren auch die Schriften des in Amerika lehrenden Philosophen Herbert Marcuse geworden. Er unterschied zwischen revolutionärer und reaktionärer Gewalt, also zwischen der von den Unterdrückten und der von den Unterdrückern verübten Gewalt. Marcuse zufolge war Gewalt zur Überwindung des Systems keineswegs ein geächtetes Mittel.[163] Auch Andreas Baader berief sich später vor Gericht auf ein Essay Marcuses.

Weitaus mehr und dauerhaft personalisiert hatte sich die studentische Revolte jedoch in Rudi Dutschke. Er war eine Art Galionsfigur der Bewegung.

Dutschkes Ziel war es allerdings vornehmlich, seine politischen Gegner in der Diskussion zu stellen, zu entlarven und nicht mittels Gewalt: »In der Abwehr der Gewalt durch die Studentenmehrheit lag die richtige Einsicht, dass es in den Metropolen keinen revolutionären Terror mit Waffen gegen Menschen geben könne.«[164] Er war somit kein geistiger Vater der Stadtguerilla. Der SDS-Vorstand zeigte sich denn auch über die Kaufhausbrandstiftung entsetzt und distanzierte sich davon.[165]

Die Schüsse auf Dutschke, abgegeben am 11. April 1968 von dem rechtsextremistischen Anstreicher Josef Bachmann, erschütterten jedoch die Revoltierenden. Mit ihm war ein Pazifist – eine Symbolfigur – mit der Waffe niedergestreckt worden.

Michael Baumann, ehemaliges Mitglied der »Bewegung 2. Juni«, einer nach dem Todestag von Benno Ohnesorg benannten anarchistischen Konkurrenzorganisation, schreibt dazu in seinen Erinnerungen: »Die Kugel war genauso gegen dich, da haben sie das erste Mal nun voll auf dich geschossen.«[166]

Die Ereignisse führten eine starke Polarisierung herbei. Wieder war – nicht einmal ein Jahr nach dem tödlichen Schuss auf Ohnesorg – auf das Extremste Gewalt gegen einen jener jungen »Rebellen« angewandt worden.

Die Reaktion auf das Dutschke-Attentat waren die Oster-Demonstrationen gegen den Springer-Konzern, bei denen in München zwei Menschen ums Leben kamen. Immer mehr Mitglieder der APO beherzigten jetzt die Thesen Marcuses vom Naturrecht auf Widerstand. Gewalt wurde salonfähig und schien zum Erreichen des Ziels unverzichtbar.

Die Wut und der Zorn der Demonstranten richteten

sich in erster Linie gegen den Springer-Konzern; es galt, die Auslieferung der Zeitungen zu verhindern. Tausende beteiligten sich an der Aktion, Auslieferungsfahrzeuge standen in Flammen und am Ende gab es mehr als 400 Schwer- und Leichtverletzte zu beklagen.

Der *SPIEGEL* konstatierte am 22. April 1968: »Es kam zu Straßenschlachten, wie sie Westdeutschland seit der Weimarer Republik nicht mehr gekannt hatte.«[167]

Wieder wurde brutal gegen Demonstrierende vorgegangen. Die nationalen und internationalen Ereignisse, die Verteufelung alles Linken oder auch nur politisch Andersdenkenden hatte die zumeist Studenten auf die Barrikaden gerufen. Aber nicht einmal ihren Unmut darüber konnte die außerparlamentarische Bewegung ungestraft zum Ausdruck bringen. Ein Zitat aus dem *SPIEGEL* (»Studenten auf den Barrikaden«) zeigt die aufgeheizte Stimmung, die auch Ulrike Meinhof längst erkannt hatte, recht deutlich auf:

»Als sie [die Studenten] ihrem Unbehagen Ausdruck gaben und Protest auf die Straßen trugen, wurden sie erst von der Springer-Presse verteufelt, dann von der Polizei verprügelt. In ihrem moralischen Aufbegehren – etwa gegen den Vietnam-Krieg – allein gelassen, von der Springer-Presse verketzert und von der Polizei verprügelt, kamen sie zu der Einsicht, dass das System irreparabel sei. In der Bildung der Großen Koalition zu Bonn, durch die praktisch jede parlamentarische Opposition abgeschafft wurde, sahen die Studenten nur die Bestätigung ihrer Überlegungen. Je mehr Prügel sie bekamen, umso radikaler wurden sie; je radikaler sie wurden, umso mehr Prügel bezogen sie. Sie schwenkten rote Fahnen, riefen

›Ho-Ho-Ho-Tschih-minh‹ und überholten die etablierten kommunistischen Systeme so weit links, dass sie heute auch dem Osten nicht mehr geheuer sind.«[168]

Es wird anhand dieses Zitates deutlich, wie sich die Fronten auf beiden Seiten immer mehr verhärtet hatten und wie einige aufseiten der Systemkritiker immer weniger die Chance sahen, gewaltfrei etwas verändern zu können. Es musste vielen so erscheinen – seit zwei Jahren wurden Demonstranten verprügelt, es hatte Tote gegeben und die Berichterstattung in etlichen Printmedien erweckte den Eindruck, die Studenten seien an allem schuld – als sei der Staat in keinster Weise dialogbereit. Dies wiederum führte dazu, dass Teile der APO in den folgenden beiden Jahren entweder resignierten oder radikalere Positionen bezogen und die Staatsmacht sowie deren Vollstrecker als Feindbild anerkannten. Zwar war Ulrike Meinhof nicht klassischer Bestandteil dieser überwiegend studentischen Bewegung, doch gab es gemeinsame Ziele und Dinge, gegen die rebelliert wurde. Vielmehr aber währte Meinhofs Protest – allein schon aufgrund der Tatsache, dass sie älter als die meisten Studenten war – länger. 1968 hatte sie bereits mehrere Enttäuschungen in politischer Hinsicht hinnehmen müssen und fand daher immer weniger, schreibend etwas bewegen zu können. Auch der hannoversche Psychologie-Professor Peter Brückner, 1972 selbst Diffamierungen ausgesetzt und als Baader-Meinhof-Sympathisant bezichtigt, äußert 1971 die Vermutung, Ulrike Meinhof habe nicht mehr so wie bisher weiterleben können und wollen. Da hätten, so Brückner, »Momente von Verzweiflung mit eingegangen sein« können.[169]

Anlässlich der Verhaftung von Ulrike Meinhof am 15. Juni 1972 konstatiert die linke Presse bei der Suche nach Gründen für ihren Weg in die Terrorszene, dass die ehemalige Journalistin nahezu sämtliche Hoffnung auf Veränderung der bestehenden Verhältnisse verloren habe, nachdem die Sozialdemokraten die Notstandsgesetze unterstützt hatten, die Große Koalition eingegangen waren und Franz Josef Strauß Minister hatten werden lassen. Sie solidarisierte sich fortan mit der APO und in der Folgezeit spielten die beschriebenen Faktoren zusammen (2. Juni, Dutschke-Attentat, Diskrepanz zwischen sozialem Engagement und Leben als Renommier-Linker, allgemeines Klima gegen die bereits Ende der 50er, Anfang der 60er Jahre entstandene Gegenkultur und spätere APO).

Tatsache war, dass während der fünf Tage Aufruhr nach dem 2. Juni 1967 in der gesamten Bundesrepublik vonseiten der Polizeikräfte unverhältnismäßig brutal gegen die Demonstranten vorgegangen worden war. Tatsache war zudem, dass die Berliner Zeitungen Axel Springers – die *BILD*, *BZ* und *Morgenpost* – vor und nach der Erschießung von Benno Ohnesorg in einer Form über die studentischen Unruhen berichtet hatten, »die dem Volksverhetzungs-Tatbestand des Paragrafen 130 des Strafgesetzbuches nahe kommt«[170]. Und 14 namhafte Professoren und Schriftsteller sprachen dem Konzern außerdem die systematische Vorbereitung des Dutschke-Attentats zu. Ihre Forderung und die der Studenten lautete, Springer, der zu dieser Zeit den deutschen Pressemarkt zu fast einem Drittel beherrschte, gesetzlich zu kontrollieren beziehungsweise ihn zu enteignen.

Der *SPIEGEL* konstatierte allerdings ernüchtert in derselben Ausgabe:

»Aus Angst vor Rüpeleien der ›Bild-Zeitung‹ haben sich bislang alle Parlamentarier von CDU und SPD geweigert, auch nur die Frage zu stellen, ob nicht das Auswuchern eines Presseverlegers die durch Verfassung garantierte Meinungsfreiheit unterhöhlt.«[171]

Auch die *Stuttgarter Nachrichten* schreiben am 16. April:

»Die Politiker wissen sehr wohl um die Macht der ›Bild-Zeitung‹ und schweigen lieber. Mit Springer und seinen Blättern legt man sich nicht gerne an. Auch die Verleger und Journalisten umgehen das Problem, wenn möglich, denn wer weiß, ob man im Zuge der Pressekonzentration nicht eines Tages vom Hause Springer abhängig ist.«[172]

Für Ulrike Meinhof muss sich erneut eine schlimme Befürchtung bewahrheitet haben, sah sie doch schon 1966 die Gefahr einer Gleichschaltung beziehungsweise Konzentration in den Medien. Ein Jahr später forderte sie schließlich selbst die Enteignung Springers. Jetzt, ein weiteres Jahr später, bescheinigen auch Schriftsteller wie Heinrich Böll, Golo Mann oder der Soziologe Theodor Adorno dem Axel-Springer-Konzern, die Studenten zu verunglimpfen, einen neuen autoritätsbestimmten Nationalismus entwickelt zu haben und eine Mitschuld an dem Attentat auf Rudi Dutschke zu tragen.

Stefan Aust versucht, den Gründen für die Entstehung des terroristischen Nährbodens nachzuspüren, und er beschreibt die Stimmung, die viele Demonstrierenden nach diesen einschneidenden Erlebnissen ergriff:

»Rudi Dutschke wusste auch, welche Verletzungen manche von ihnen davongetragen hatten, andere Verletzungen als seine eigene Schussverletzung, aber dennoch traumatisch genug. Er wusste auch, dass Josef Bachmanns Schüsse auf ihn, genauso wie der Tod Benno Ohnesorgs, nicht wenige auf den Weg der Gewalt gebracht hatten.«[173]

Auch Ulrike Meinhof konnte angesichts des Geschehens nicht wieder zur Tagesordnung übergehen und ihre Wut und ihren Zorn nicht in protestartige beziehungsweise politische Energie umsetzen. Zu traumatisch erschien ihr die Entwicklung, die sie nicht erst seit 1967 beobachten musste, sondern bereits seit den 50er Jahren. Zudem wurde der Vietnamkrieg, auch ein Zeichen für militärische Präsenz und das Ausgeliefertsein, immer mehr zum beherrschenden Thema.

Renate Riemeck teilt diese These, als sie im November 1971 einen offenen Brief in der Zeitschrift *konkret* veröffentlicht, in dem sie ihre Pflegetochter zur Aufgabe überreden will. Sie sieht das »Abenteuer Stadtguerilla« als das, was es war, nämlich als einen Amoklauf[174], mit dem nichts zu gewinnen sei. Meinhof habe in der terroristischen Gruppe um die Kaufhausbrandstifter mehr gesehen beziehungsweise sehen wollen als diese waren, nämlich den Beginn einer großen Revolution. Unterstützung vonseiten Meinhofs habe die Gruppe nur erhalten, weil die im Sande verlaufene Protestbewegung nicht das hielt, was sie versprach, weshalb Eklat und Enttäuschung bei vielen – und bei Ulrike Meinhof besonders – perfekt gewesen seien. Zudem habe sie, je deutlicher sich der Niedergang der APO abzeichnete, umso mehr ihre Verbündeten in jenen Gestrauchelten gesehen, wie sie auch in »Bambule« vorkamen.

Im Februar und März 1970 denkt Ulrike Meinhof zusammen mit Ensslin und Baader, die bei ihr Unterschlupf gefunden haben, darüber nach, wie das bestehende System bekämpft werden kann. Die Journalistin zieht dabei nicht etwa in Erwägung, in den Untergrund zu gehen – sie ist mit den Arbeiten zu »Bambule« beschäftigt. Baader und Ensslin fordern dagegen mit Nachdruck, aktiv zu werden und etwaige Bedenken zu verwischen.

Horst Mahler, ehemaliger Anwalt vieler Linker während der APO-Zeit, Sympathisant derselben und späteres RAF-Mitglied, fasst in den 70er Jahren in einem Fernsehinterview[175] die Grundstimmung von damals zusammen und versucht zu ergründen, weshalb sich derart extremistische Zirkel aus der APO bildeten. Ab dem Kriegsende sieht er drei markante Jahreszahlen, die prägend für die spätere Bundesrepublik gewesen seien: 1945, 1967 und 1977. Mit Kriegsende und der deutschen Kapitulation sei zwar die politische Macht des Faschismus gebrochen worden, allerdings habe keine antifaschistische Revolution stattgefunden. Zu der sei es dann 1967 gekommen. Die revoltierende Jugend, so Mahler, habe erkannt, dass die gesellschaftlichen Ursachen des Faschismus in der Bundesrepublik fortwirken. Als die studentische Bewegung Ende der 60er Jahre auseinanderbrach, habe man den Wunsch verspürt, dass es weitergehen müsse. Entscheidend sei aber auch gewesen, dass man als Ursache für das Scheitern der Bewegung die staatliche Machtbarriere gesehen habe, nicht aber das eigene Unvermögen. Es sei auch, so Mahler, die Frage ausgeblieben, warum der Staat dies alles derart unbeschadet überstanden hatte. Man begann schließlich mit Protestaktionen gegen den Imperialismus, ohne sich jedoch zu fragen, ob dies noch etwas mit linker Politik zu tun hat. Mahler spricht rückblickend von einem moralischen Rigorismus der terroristischen Akteure, der etwas Anmaßendes gehabt habe und der sämtliche Skrupel habe verschwinden lassen.

Will man Meinhofs Weg in den Terrorismus zurückverfolgen, so kann man den Schluss ziehen, dass die Begegnung mit den Kaufhausbrandstiftern wahrscheinlich das auslösende Moment darstellte. Hätte es diese nicht gegeben, hätte sich Meinhof nicht zur passiven Hilfe bei der Gefangenenbefreiung bereit erklärt und wäre nicht in Panik während dieser Aktion aus dem Fenster des Instituts für Soziale Fragen im Westberliner Stadtteil Dahlem gesprungen. Denn sie hatte, so Beate Sturm, im Herbst 1969 zur späteren RAF gestoßen, den Aktionismus und die neue Militanz von Baader und Ensslin hochstilisiert und idealisiert.[176]

Einen wichtigen Aspekt hinsichtlich einer solchen Untersuchung der Gründe beschreibt Oskar Negt. Er behauptet, der Terrorismus beziehungsweise dessen Motivation sei aus einer falschen Faschismus-Analyse entstanden.[177] So hatte auch Ulrike Meinhof eben eine solch falsche Faschismus-Analyse und setzte die Bundesrepublik mit dem Faschismus gleich.

Strittig ist, unter welchen Umständen Ulrike Meinhof möglicherweise nicht in den Untergrund gegangen wäre, selbst wenn sie mit Baader und Ensslin zusammengekommen wäre. Es lassen sich nur Vermutungen darüber, was anders hätte laufen müssen, anstellen. Möglicherweise hätte ein anderer Verlauf der Notstandsdiskussion stattfinden müssen oder aber ein anderer Kurs der SPD, in die Ulrike Meinhof noch verhältnismäßig lange Hoffnungen gesetzt hat. Vielleicht hätten auch ein größerer Rückhalt in der *konkret*-Redaktion und ein Verbleiben dort das Geschehen verhindert. Meinhof, so scheint es, hätte starker Persönlichkeiten bedurft, die sie immer wieder darin bestärkt und bekräftigt hätten, dass ihr Tun richtig ist, wenngleich es auch nicht von sofortigem Erfolg gekrönt sein sollte. Die Funktion einer solchen »leading figure« übernahm dann Andreas Baader, dem die Journalistin mit der konsequenten und aufrechten Haltung gerade recht erschien, um ihn mitzubefreien, von deren Kontakten zu profitieren – und auch um mit ihrer Hilfe die Gruppe rhetorisch und ideologisch aufzuwerten. In dem Maße, wie Baader und Ensslin Ulrike Meinhof darin hatten bekräftigen können, gegen den Staat zu kämpfen, hätte es eines Einflusses bedurft, um sie zu überzeugen, schreibenderweise oder in einem politischen Gremium weiterzuwirken.

Zum Phänomen der Gruppensolidarität, der sich gerade auch Ulrike Meinhof verpflichtet fühlte, schreibt der Politologe Martin Greiffenhagen, dass Meinhof ihr Leben nur in und durch Gruppen lebenswert gefunden habe.[178] Sie sei allerdings nie eine Führernatur gewesen. Dazu habe ihr das Selbstvertrauen gefehlt.

Inge Viett, Mitglied der »Bewegung 2. Juni«, die ebenfalls Ende der 60er Jahre entstanden war, äußert sich in einem Fernsehinterview[179] zu den Gründen, die sie dazu veranlassten, in den Untergrund zu gehen. Sie wurde nach ihrer Verhaftung im Juni 1990 in der damaligen DDR, wo nicht wenige deutsche Terroristen Unterschlupf gefunden hatten, beschuldigt, am Drenckmann-Mord, Buback-Mord, Ponto-Mord, Schleyer-Mord sowie zwei weiteren Entführungen beteiligt gewesen zu sein. Viett war 1983 mit Wissen der Staatssicherheit in die DDR eingeschleust worden. Zwanzig Jahre nach dem »Deutschen Herbst '77« beschreibt sie ihre Anschauung und Überzeugung von damals, die sie dazu brachten, sich der terroristischen Vereinigung anzuschließen. Bezeichnend dabei ist, welche Parallelen es zu Ulrike Meinhof hinsichtlich der Grundeinstellung zu Staat und Gesellschaft gibt.

Viett spricht in ihrer Argumentation von der massiven Gewalt, die man seitens des Staates erfahren habe, und von der Zerstörung der solidarischen Strukturen innerhalb der sich auflehnenden Teile der Gesellschaft durch den Staat in den 60er Jahren. Zu keiner Zeit, so Viett, habe sie es so empfunden, dass dieser deutsche Staat ihr Staat ist. Stattdessen hätten die Ereignisse dazu geführt, dass die Empörung derartige Ausmaße annahm, dass man meinte, handeln zu müssen.

Ebenso macht die Ex-Terroristin den Vorwurf – und auch hier gibt es eine Parallele zu Meinhof –, dass viele Menschen in Einklang mit den sie umgebenden Verhältnissen hätten leben wollen und deshalb vieles übersehen hätten. Diesen Vorwurf macht die Kolumnistin Meinhof den Deutschen bereits in ihren *konkret*-Artikeln, in denen sie die Angst vor dem Unbequemen anprangert, woraus sich später immer mehr die rigide Schwarz-Weiß-Sichtweise entwickelt. Wer möglicherweise mit politischen Entscheidungen oder Ereignissen nicht konform ging, dies aber nicht deutlich zum Ausdruck brachte, wurde mehr und mehr in ihren Augen selbst zum Bestandteil dessen beziehungsweise derer, die für das Versäumnis verantwortlich waren.

Inge Viett sieht es auch heute noch so, dass der Mensch im kapitalistischen System lediglich zum Funktionieren gebracht werden sollte; auch diese Grundauffassung entsprach der von Ulrike Meinhof. Bezeichnenderweise benutzt Viett ausschließlich den Terminus der »Untergrundkämpferin«, nicht – wie in den Medien und bei der Bevölkerung vorherrschend – den der »Terroristin«. Das macht den grundlegenden Unterschied in der Auffassung über Gewalt und Terror deutlich. Auch Ulrike Meinhof hielt den Kampf für moralisch gerechtfertigt. Die Frage, *wie* gerechtfertigt die Gewaltanwendung ist, wird von der ehemaligen Terroristin Inge Viett sogar abgewandelt. Sie stellt zur Debatte, wie *notwendig* die Gewaltanwendung ist. Gerechtfertigt, so die Überzeugung, sei sie jedoch in jedem Fall. Nur sei sie nicht immer notwendig, und zwar dann nicht, wenn die angestrebten Ziele durch den Einsatz von Gewalt wieder weiter wegrückten.

Auch hier wird der grundlegende Unterschied in der Sichtweise zwischen einem Terroristen und beispielsweise einem von Meinhofs ehemaligen Mitkämpfern gegen die atomare Wiederaufrüstung deutlich. Die Überzeugung, der Staat manipuliere und überwache den Einzelnen total, ist derart ausgeprägt und ausgereift, dass die extreme Gegenposition bezogen wird. Argumenten ist man, wie dies bei Meinhof der Fall war, nicht mehr zugänglich.

2. Warnung vor einer Radikalisierung des politischen Klimas und ein Appell zur Einsicht

Der Schriftsteller Günter Grass richtet in einer Ansprache[180] zum 1. Mai 1968 – vor dem Hintergrund des aufgeheizten Klimas nach den großen Unruhen und dem Dutschke-Attentat – einen eindringlichen Appell sowohl an Regierung als auch die Demonstranten wie auch die Arbeiter, eine Verhärtung der Fronten nicht zuzulassen und eine Selbstzerstörung der Demokratie nicht möglich zu machen. Die Gefahr einer Radikalisierung auf beiden Seiten sieht er ganz deutlich und zeigt Möglichkeiten auf, das Kräfteverhältnis auszugleichen und eine weitere Verhärtung sowie die daraus resultierenden Konsequenzen zu umgehen.

Grass spart keine der genannten Gruppen von der Kritik aus. Auch er spricht dem Springer-Konzern durch dessen systematische Meinungsmache eine Mitschuld an den Ereignissen der letzten zwei Jahre zu, kritisiert, dass die Springer'schen Massenblätter zum Durchgreifen und zur Selbsthilfe aufgerufen und damit schweres Unheil heraufbeschworen hätten. Aber auch den Demonstranten macht er einen Vorwurf, nämlich den, durch die empörte Gegenreaktion folgenreich versagt zu haben, weil man somit den Prognosen der Gegner des Studentenprotests entsprochen habe. Damit, so Grass, sei aber auch die Möglichkeit zerstört worden, die Frage nach der Schuld an diesem Mordanschlag ins Bewusstsein der Öffentlichkeit zu rücken. Was somit sofort wieder im Mittelpunkt stand, war ein sichtbares unkontrolliertes Verhalten der Studenten.

Zwar spricht der Autor den Polizeikräften ebenfalls eine zunehmende Brutalität im Vorgehen zu, warnt aber die protestierende Jugend davor, unglaubwürdig zu wirken, wenn sie sich der unlauteren Methoden der politischen Gegner bediene. An dieser Stelle sei vermerkt, dass dieses Argument mit Blick auf Ulrike Meinhof allerdings ohne Gewicht geblieben sein dürfte. Jürgen Seifert konstatiert, Meinhof sei später der Überzeugung gewesen, durch progressive Gewalt die faschistische Gewalt seitens der Polizei provozieren zu müssen, damit wiederum »revolutionäre« Gewalt entstehen könne.[181] Fragwürdig ist also, ob Meinhof zu diesem Zeitpunkt noch für das Argument von Grass zugänglich gewesen ist. Nach ihrer späteren Auffassung ist also der gewaltsame Protest nicht unglaubwürdig beziehungsweise grundverkehrt, sondern vielmehr effizient und progressiv.

Grass spricht in seiner Rede aber auch von dem schweren Versäumnis seitens der Regierung, das diese mit Bildung der Großen Koalition zu verantworten habe. Er prognostiziert eine Machtballung und die Verwischung politischer Alternativen. Deshalb appelliert er besonders an die SPD, dieses Bündnis aufzugeben und nicht mehr rechts von sich, sondern links, bei den Protestierenden, Verbündete zu suchen. Zudem habe erst der Ausschluss des SDS aus der sozialdemokratischen Partei den Studentenbund in die Radikalität getrieben.

Hier argumentiert Grass also ähnlich wie Meinhof, wenn er ein Versagen bei der SPD sieht. Er sieht die Arroganz und von der Macht korrumpierte Politiker, die den Rechtsstaat in entscheidendem Maße bedrohten. Allerdings seien die Forderungen von beiden Seiten nach der Eindämmung des anderen gleichermaßen radikal formuliert und führten damit zwangsläufig in eine politische Sackgasse. Deshalb müssten sich beide Seiten in Einsicht üben und der Bundestag ein Gesetz erarbeiten zur Aufbrechung des Springer-Machtkonzerns. Des Weiteren solle Bundeskanzler Kurt Georg Kiesinger, ehemals langjähriges Mitglied der NSDAP, zurücktreten. Die jetzigen Verhältnisse seien ein Produkt der Adenauer-Ära und in jedem Fall sei es verheerend, eine weitere Spaltung zwischen Arbeitern und Studenten durch verallgemeinernde Darstellung zu fördern. Stattdessen müssten die Gruppen das gemeinsame Gespräch suchen, die Reform vorantreiben und Sozialdemokratie und demokratischen Sozialismus wieder miteinander verbinden.

Bezeichnend ist im Übrigen möglicherweise auch, dass Grass das Fundament für die Ereignisse ab 1967 in der Adenauer-Republik sieht. Für Meinhof, die bereits in dieser Zeit gegen die Verhältnisse anzugehen versuchte, könnte dies eine nicht wahrgenommene Verantwortung, ein Versagen bedeutet haben, vor dessen Folgen sie jetzt stand.

Deutlich wird, dass Grass die Gefahr einer Verhärtung der Fronten, die dann letztlich auch eintreten sollte, klar sieht. Sein Appell sollte jedoch nicht auf fruchtbaren Boden fallen.

3. Politische Versäumnisse

Nach den Schüssen auf Dutschke zersplitterte die Außerparlamentarische Opposition schließlich; der SDS löste sich 1970 auf. Teile von ihm gingen ins bürgerliche Leben zurück. Es gab zudem keine charismatische Persönlichkeit, die die Lücke Dutschkes hätte schließen können. Die Energie der APO versickerte – auch aufgrund der Bildung einer sozial-liberalen Koalition unter Willy Brandt 1969. Die APO galt als gescheitert. Ihre unterschiedlichen Gruppen begaben sich auf die Suche nach neuen Wirkungskreisen. Sie hatten die Schwäche der studentischen Kampfverbände realistisch eingeschätzt und suchten nach neuen Möglichkeiten der Einflussnahme. Einige von ihnen traten der 1968 neu gegründeten Deutschen Kommunistischen Partei (DKP) bei, andere gründeten eine weitere kommunistische Partei und wiederum andere traten der SPD bei. Ebenso gab es Gruppen, die sich desillusioniert zurückzogen von der politischen Bühne. Von Beginn an waren die 68er keine geschlossene Bewegung gewesen. Den drohenden Untergang der Massenbewegung vor Augen, entschlossen sich wiederum andere Teile, diese zu erhalten – und das mit militärischen Mitteln.

Horst Mahler behauptet, eine Fortführung der revolutionären Bewegung im Sinne Dutschkes hätte die Eskalation zur Gewalt verhindert.[182] Allerdings waren *vor* dem Dutschke-Attentat die Kaufhaussprengsätze gezündet worden und zu einer Verbindung zwischen Baader, Ensslin und Meinhof wäre es wahrscheinlich dennoch gekommen. Mit dem Tag, an dem die Brandstifter um Unterschlupf bei Ulrike Meinhof gebeten haben, war möglicherweise der Weg von Meinhof vorgezeichnet gewesen.

Mahler hingegen sagt 1978: »Wäre die Mobilisierung der Studentenbewegung nicht in dieser Weise abrupt abgebrochen, hätte man aus den Erfahrungen der Studentenrevolte vernünftigere Einsichten abgeleitet, wüsste man oder hätte man damals gewusst, wo es langzugehen hat, wie man Widerstand leistet, aber in einer sinnvollen Weise, einen Widerstand, der nicht das Gegenteil von dem bewirkt, was man beabsichtigt, dann hätte es natürlich die RAF nicht gegeben.«[183]

Gleichzeitig spricht er aber die Studenten von der Urheberschaft am sich ausbreitenden Gewaltpotenzial frei.

Michael Baumann beschrieb später die Wirkung der Brandstiftung auf die linke Szene: »Da fing auch schon so eine Spaltungstendenz an, dass die gesamte Linke gesagt hat, mit denen haben wir nichts zu schaffen [...]. Mit Brandstiftung haben wir nichts zu tun [...].«[184]

Gudrun Ensslin war Mitglied in der SPD und engagierte sich 1965 für die Partei im Wahlkampf. Als es ein Jahr später zur Großen Koalition kam, verließ sie empört die Partei und schloss sich dem SDS an. »Wir mussten erleben«, so Ensslin, »dass die Führer der SPD selbst Gefangene des Systems waren, die politische Rücksichten nehmen mussten auf die wirtschaftlichen und außerparlamentarischen Mächte im Hintergrund.«[185]

Was den 2. Juni 1967 betrifft, so stellte dieses Datum auch für Andreas Baader ein Schlüsselerlebnis dar. Einen Tag später lernte er nach einer Protestaktion auf dem Berliner Kurfürstendamm Gudrun Ensslin kennen, die am Tag des Todes des Studenten gesagt hatte: »Dieser faschistische Staat ist darauf aus, uns alle zu töten. Wir müssen Widerstand organisieren. Gewalt kann nur mit Gewalt beantwortet werden. Dies ist die Generation von Auschwitz – mit denen kann man nicht argumentieren!«[186]

Hier ergibt sich eine Parallele zu Meinhof, die schließlich auch nicht mehr nur mit Worten agieren wollte. Ulrike Meinhof selbst weiß nicht recht, was sie über die Brandstifter schreiben soll, ist anfangs nicht sonderlich von ihnen beeindruckt. Sie heißt die Tat einerseits gut, lehnt andererseits aber Gewalt als Mittel in der Diskussion ab.

Markant und prägend für die terroristischen Entwicklungen und ihren Nährboden war außerdem die Billigung der Notstandsverfassung im Mai 1968. Die Berliner Autorin Gabriele Goettle beschreibt dies in »Die Normalität der Gewalt« so:

»Zwanzig Jahre nach Verkündung des Grundgesetzes wurde mit der Verabschiedung der Notstandsgesetze eine faschistische Herrschaftstechnik installiert. Damit war dem Prinzip staatlicher Gewalt endlich auch das Mittel in die Hand gegeben, mit dem unbotmäßiges Volksverhalten in jene Schranken gezwängt werden konnte, die man im Grundgesetz vor Schreck vergessen hatte vorzusehen.«[187]

Wie für viele Mitglieder der APO hatte die Notstandsgesetzgebung auch für Ulrike Meinhof eine besondere Bedeutung. Von Anfang an verband die Journalistin große Befürchtungen mit der geplanten Gesetzesänderung, die sie nicht verhindern konnte. Der bundesrepublikanische Staat mutierte so für viele zum neofaschistischen Staatsapparat.

Goettle thematisiert die Legalisierung des Massenmordes durch die Nazis aufgrund der Wiedereinstellung von Systemunterstützern, Sympathisanten und Logistikern des Dritten Reiches nach 1945. »Aus einer solchen Gesellschaft freigesprochener Schuldiger«, so Goettle, »konnte nichts Gutes werden und ist nichts geworden. Die RAF ist eine konsequente Wirkung eben dieses menschlichen Versagens.«[188] Allerdings sei die RAF nicht das Ergebnis der Krise und des Scheiterns der APO.

1960 wurden Ulrike Meinhof und Klaus Rainer Röhl aus dem SDS ausgeschlossen, da sie ihn, so der Vorwurf, für kommunistische Zwecke ausgenutzt hätten. Von *konkret* trennt sie sich schließlich, weil sie fürchtet, das Blatt werde zum Instrument der Konterrevolution.

Thomas Meyer macht als Hauptmotiv für den Terrorismus das Handlungsmotiv der Solidarität aus. Peter Homann, Maler und ehemaliger Freund Meinhofs, unterschreibt die These von dem nicht geplanten Weg von Ulrike Meinhof in die terroristische Szene. Er ist der Auffassung, dass es kein politisches Programm gegeben habe, auf das man sich vorher geeinigt hätte. Nach der Baader-Befreiung hätte dann alles für die Betroffenen eine Zwangsläufigkeit bekommen.

Hermann Glaser zeigt hingegen Ursachen für den Terrorismus auf, die im Charakter der Akteure zu finden sind. Als ein im Psychogramm der Terroristen häufig anzutreffendes Merkmal nennt er den Ekel der jungen Leute gegenüber der Wohlstandsgesellschaft, die nur an sich selber denke und darüber die Not der anderen vergäße.[189] Der Terrorismus sei Ausdruck einer in die Aggressivität umgeschlagenen Frustration gewesen. Da viele die Selbstkritik nicht in soziales Handeln umzumünzen vermochten, reagierten sie sich durch Gewalt ab. Die These von der Frustration beziehungsweise Resignation träfe auch auf Meinhof zu.

An anderer Stelle wird auf eine Untersuchung des US-Politologen Richard Clutterbuck verwiesen, der herausfand, dass neun von zehn Guerilla-Führern eine überdurchschnittliche Ausbildung absolviert haben, wie dies auch bei Ulrike Meinhof der Fall war. Entsprechend geschärft ist ihr Blick für politische Spannungen, Krisenherde, soziale Ungerechtigkeiten.

So sieht es auch der Kasseler Kriminologe Gustav Nass. Hochbegabte junge Menschen, so Nass, erlebten und erlitten die Diskrepanz zwischen moralischem Anspruch und desillusionierender Realität besonders stark.[190]

Der Kölner Soziologe Erwin Scheuch untermauert die Behauptung: »Je ethisch anspruchsvoller die Elternhäuser, je stärker die Sensibilisierung für Ungerechtigkeiten, umso extremer und vor allem umso plötzlicher der Ausbruch.«[191]

Dies scheint auf Ulrike Meinhof zuzutreffen – und zwar weitaus mehr als beispielsweise auf Andreas Baader. Meinhof stammt aus einem solch »ethisch anspruchsvollen« Haus. Ihre Mutter gewährte politisch Andersdenkenden Unterschlupf und ihre spätere Pflegemutter engagierte sich für die Kommunisten und gegen die Wiederaufrüstung. Meinhof lernte früh, was soziales und politisches Engagement, aber auch soziale Ungerechtigkeit bedeuten. Sie war dafür in besonderem Maße sensibilisiert und verspürte von jeher den Wunsch, etwas gegen ungleiche Verhältnisse zu unternehmen.

Später als arrivierte Journalistin hatte sie diese Sichtweise keineswegs abgelegt. Vielmehr war sie durch ihre sozialen Studien den gesellschaftlich Gestrauchelten viel näher als ihre Umgebung es war. Umso schizophrener, zynischer und schmerzvoller erschien ihr der krasse Gegensatz zwischen denen, die in Heimen leben, und jenen

Arrivierten in ihrem Hamburger Umfeld. Und umso plötzlicher, wie es den Anschein hat, brach sie aus dieser Welt aus. Viele dieser Personen, so Clutterbuck, würden zudem Schuldgefühle aufgrund ihres Wohlstandes und ihrer Privilegien empfinden, zumal sie diese ohne eigenes Zutun erworben hätten.

Ein Sinnbild für viele Rebellierenden sei, so Glaser, sicherlich auch der Einmarsch russischer, polnischer, ungarischer, bulgarischer und ostdeutscher Truppen in Prag im August 1968 gewesen, mittels derer dem Prager Frühling ein gewaltsames Ende bereitet wurde. Wie am Beispiel Vietnams sei Gewalt als Mittel zur Bekämpfung politischer Unruhen sichtbar geworden. Die Idealvorstellung von der Einheit von Moral und Macht war zerbrochen und genau dies war eine schmerzliche und schockierende Erkenntnis für die sensibilisierten Menschen, unter ihnen auch Ulrike Meinhof.

Ihre antiimperialistischen Bomben habe die Gruppe um Andreas Baader aber dann letztlich auch in das Bewusstsein der Linken werfen wollen, so der Hamburger Autor Karl Heinz Roth. Untersucht man die Publikationen der RAF, scheinen sie diese These zu belegen, wird doch immer wieder die Linke angeprangert und ihr schwere Vorwürfe im Hinblick auf ihr Versagen unter anderem angesichts der Notstandsgesetzgebung gemacht.

Im Zusammenhang mit der Thematik von der Motivation des Terrorismus in der Bundesrepublik ist aber in erster Linie auch, wie bereits erwähnt, auf das Jahr 1968 einzugehen, das das Ende der Selbstsicherheit und Selbstherrlichkeit der gemeinhin als »Wirtschaftswunderzeit« titulierten Ära bedeutete. Der Aufstand richtete sich in den 50er Jahren zunächst gegen die reale Bedrohung durch atomare Waffen, dann gegen die Schwerfälligkeit unter anderem von Lerninhalten und schließlich gegen evident gewordene Gewaltanwendung vonseiten der Staatsmacht. Furcht und Sorge breiteten sich aus, dass das Fundament des noch jungen demokratisch konzipierten Staates brüchig werden könnte.

Bei der protestierenden Jugend fielen die Ursprünge der sich herausbildenden allgemeinen Verweigerung in die 60er Jahre. Bei Ulrike Meinhof – und das scheint markant – datierten sie bereits aus den 50er Jahren. Eine Form der Bedrohung hatte sie bis dahin schon mehr erlebt. Ihre Bedenken waren bereits auf den Plan gerufen worden.

Zudem war innenpolitisch das Jahr der Bildung der Großen Koalition 1966 von großer Bedeutung. Meinhofs Bedenken wurden vor allem in ihren Kolumnen zu diesem Thema deutlich. Aber auch die übrige Protestbewegung brachte ihre Besorgnis zum Ausdruck. Die Last der parlamentarischen Kontrolle lag ganz auf der FDP, der man diese Funktion jedoch weder in quantitativer noch in qualitativer Hinsicht zutraute. Es sollte das eintreten, wovor Günter Grass in einem Brief an Willy Brandt im Falle der Bildung einer Großen Koalition gewarnt hatte: »Die allgemeine Anpassung wird endgültig das Verhältnis zu Staat und Gesellschaft bestimmen. Die Jugend unseres Landes jedoch wird sich vom Staat und seiner Verfassung abkehren: Sie wird sich nach links und rechts verrennen.«[192]

Es war ebenso von symbolischer Bedeutung, als die

deutsch-französische Journalistin Beate Klarsfeld am 8. November 1968 auf dem CDU-Parteitag in Berlin Bundeskanzler Kiesinger mit Blick auf dessen NSDAP-Mitgliedschaft und mit der Bezeichnung »Faschist« ohrfeigte. Das verhältnismäßig harte Urteil dafür – Klarsfeld wurde noch am selben Tag zu einem Jahr Gefängnis ohne Bewährung verurteilt – trug zur weiteren Verschärfung des Klimas bei. Der Beamte Kurras hingegen, aus dessen Pistole der tödliche Schuss auf Benno Ohnesorg ein Jahr zuvor abgegeben worden war, war freigesprochen worden. Viele wurden in ihrer Auffassung bestärkt, dass Teile der älteren Generation offenbar nichts dazugelernt hatten und trotz aller Lippenbekenntnisse nicht zu wirklichen Demokraten geworden waren.

Auch bildete, wie erwähnt, der Kampf gegen die Notstandsgesetze einen Höhepunkt der bürgerschaftlichen Bemühungen in den 60er Jahren. Hermann Glaser nennt es die »große Weigerung« gegenüber dem Establishment mit seinen Repressionen, die verbunden war mit einem großen Engagement für die Idee einer antiautoritären Gesellschaft.[193]

Während dann jedoch die enttäuschte revolutionäre Ungeduld Ende der 60er Jahre in eine Frustrationsaggressivität umschlug, war der Zusammenbruch der Bewegung für Ulrike Meinhof das letzte Glied in einer Kette von Ereignissen. Zwar ist bis zuletzt nicht von ihr geplant, in den Untergrund zu gehen, doch schlägt sie am 14. Mai 1970 einen Weg ein, der in seiner schlimmsten Konsequenz in die terroristische Szene führen sollte. Später formuliert sie selber einmal, dass die Rote Armee Fraktion aus der Konkursmasse der Studentenbewegung entstanden sei.

4. Ulrike Meinhofs Umfeld über die Gründe ihres Abdriftens

Renate Riemeck versucht zu erklären, welches die Berührungspunkte zwischen Meinhof, Baader und Ensslin waren und weshalb sich ihre Wege auf solch verhängnisvolle Weise kreuzten:

»Aber Baader allein wäre zu unbedeutend, zu wenig profiliert, zu nebensächlich, um das Firmenschild für eine Gruppe politischer Desperados abzugeben, geschweige denn für den Glauben an die Existenz einer wachsenden Armee von ›Stadtguerillas‹, die die Grundlagen der Bundesrepublik erschüttern könnte.«[194]

Ulrike Meinhof aber trauten sie dies offenbar zu, schmückten sich mit den rhetorischen und analytischen Fähigkeiten der Journalistin. Und auch viele Kontakte Meinhofs zur besseren Gesellschaft kamen der Gruppe während ihres Lebens in der Illegalität zugute.

»Sie kann lachen und weinen, möchte für Gerechtigkeit sorgen, ist hilfsbereit und lässt sich ausnutzen wie ein dummer Tor«, weiß Riemeck.[195] Ulrike Meinhof war überzeugt, etwas tun zu müssen, nämlich das, was sie für richtig hielt – und dies mit allen Konsequenzen. Es sei ein besonderes Wesensmerkmal von Ulrike Meinhof gewesen, an Dingen, von denen sie einmal überzeugt oder beeindruckt gewesen war, viel länger festzuhalten als alle anderen.

Die These von der Diskrepanz zwischen Meinhof und der Studentenbewegung unterstreicht Renate Riemeck, indem sie die spätere Terroristin nicht als Teil dieser Bewegung sieht. »Ihr politisches Engagement war moralisch bedingt. Sie trat nicht an, um die gesellschaftlichen Verhältnisse zu verändern oder den Umsturz zu predigen.«[196]

Ungefähr 1966/67 würden ihre Kolumnen schärfer, bitterer – und zwar aufgrund von Großer Koalition, forcierter Notstandsdiskussion und dem auf der Stelle Treten der Gewerkschaftsführung. Der plötzliche Solidarisierungsprozess innerhalb der Studentenschaft habe Sicherungen durchgeschlagen, auch bei Ulrike Meinhof. Den lohnabhängigen Massen, die sich von repressiver Gewalt und Establishment befreien sollten, sei das schillernde Vokabular jedoch fremd geblieben. Zudem seien die Debattierenden, die »Neue Linke«, auf dem Weg zum Wandel auseinandergedriftet. Ein programmatisch klares Ziel habe es deshalb nicht gegeben, nur die gemeinsame Ablehnung des Bestehenden. Die Verschärfung des politischen Kampfes habe schließlich die Emotionen gesteigert und eine objektive Wertung der Geschehnisse ausgeschlossen. Ulrike Meinhof habe sich währenddessen schwer mit der Widersprüchlichkeit ihrer Existenz getan. Einerseits fungierte sie als »Renommier-Linke« bei den liberalen Etablierten oder Halbprogressiven und andererseits galt sie bei den Studenten als Verbündete und kommunizierte mit den Arbeitern. Skrupel habe sie durch soziale Aktivitäten kompensiert, was jedoch offenbar nur für kurze Zeit gelang. Die Recherchen über Heimkinder und Verhältnisse in Fürsorgeanstalten ließen sie zunehmend zornig und verbittert werden. Dennoch wollte sie nicht resignieren.

Riemeck wirft Meinhof ausuferndes Schwärmertum und revolutionären Romantizismus[197] vor. Damit habe sie sich allmählich von der Realität gelöst. Seit 1967 habe sie praktisch zweispurig gelebt. Sie habe schließlich die »Reise nach Utopia«[198] antreten, aber ihren Kindern eine bürgerliche Existenz sichern wollen. Ebenso habe sie *konkret* als Sprachrohr behalten, sich aber von den Redaktionssachzwängen befreien wollen. Persönliche Krisen und sachliche Konflikte seien die Folge gewesen.

Nach dem Mai 1968 war die Studentenbewegung dann wie gelähmt und zerfiel allmählich in verschiedene Gruppen. Die Folge im Empfinden von Ulrike Meinhof war eine Art trotziger Hoffnungslosigkeit. Riemeck schreibt, sie sei kompasslos geworden und habe die Folgen der Baader-Befreiung beziehungsweise das, was auf dem Spiel stand, falsch eingeschätzt und zudem verbaute ihr der Steckbrief den Rückweg.

Auch Meinhofs Pflegemutter spricht der Baader-Gruppe kein Konzept zu. Dies sei vielmehr eine nachträgliche Konstruktion gewesen, eine Art Rechtfertigungsschrift, die geistigen Hochmut und (wohl von Meinhof stammende) moralische Aspekte enthalten habe. Schließlich sei die ehemalige Vorzeigejournalistin so geendet, weil Verrat für sie das Schlimmste darstellte und es für sie keinen anderen Weg zurück gab.

Klaus Wagenbach schreibt im Nachwort von »Die Würde des Menschen ist antastbar« ebenfalls von einem Dilemma der Meinhof und führt einen Satz an, der später zur alles beherrschenden Maxime werden sollte: »Wie kommt man mit dem Wort Verhältnissen bei, in denen das Wort nichts gilt?«[199]

Regine und Bettina Röhl, Ulrike Meinhofs Töchter aus der Verbindung mit Klaus Rainer Röhl, äußern sich im

SPIEGEL ausführlich zu den Gründen, die ihre Mutter offenbar dazu veranlassten, sich von ihrem gesamten bisherigen Leben loszusagen und zu versuchen, mittels Terroranschlägen etwas zu verändern. So schreibt auch Bettina Röhl der Warenhausbrandstiftung von 1968 eine gewisse Sogwirkung auf das Verhalten von Ulrike Meinhof zu.[200]

Meinhof habe, wenngleich sie auch zunächst die Aktion nicht exakt einzuordnen gewusst hat, wissen wollen, was das für Menschen waren, die da endlich zur Tat geschritten waren. Die Tat als solche, so hat es den Anschein, tritt fast etwas in den Hintergrund, wenngleich sich die Journalistin detailliert mit dem Tatbestand der Brandstiftung auseinandersetzt. Fakt ist aber, dass die Brandstifter mit ihrem »Fanal«, das sie setzen wollten, einen wunden Punkt bei Meinhof trafen, die sich bereits seit einiger Zeit in einem Zwiespalt glaubte. Mehr als ein Mal hatte sie sich selber wie der gesamten Opposition vorgeworfen, zu wenig gehandelt zu haben. Mit dem Schreiben allein glaubte sie nichts mehr bewegen zu können.

Hinzu kam, dass die studentische Revolte 1970 allmählich abflaute, was jedoch keineswegs im Sinne Ulrike Meinhofs sein konnte.

Entscheidend, so Bettina Röhl, sei schließlich auch der Tag gewesen, an dem Baader und Ensslin, nachdem sie nicht zu ihrem Haftantritt erschienen waren und sich abgesetzt hatten, Meinhof um Unterschlupf baten. Damit sei sie bereits in das Geschehen mit hineingezogen gewesen. Zudem sei Ulrike Meinhof von Andreas Baader beeindruckt gewesen, da er das Direkte, das Aggressive gehabt habe, das ihr selbst fehlte.[201] Außerdem habe Baader ihr ihre gesellschaftliche Stellung später immer wieder vorgeworfen, was sicherlich bei Meinhof nicht ohne Wirkung blieb und ihr ein schlechtes Gewissen suggerierte.

Die Möglichkeit, in den Untergrund zu gehen, habe sich Meinhof allerdings offen halten wollen; der Sprung aus dem Fenster war nicht geplant.

Bettina Röhl sieht den Hauptgrund für den Weg ihrer Mutter in den Terrorismus darin, dass diese offenbar eine falsche Vorstellung vom Helfen gehabt habe, der zufolge sie selbst am eigenen Leib Schmerz empfinden müsse, um Leid mildern zu können.[202] Hier kommt wieder der Aspekt des Schuldkomplexes zum Tragen.

Ulrike Meinhofs Tochter bescheinigt ihrer Mutter und Gudrun Ensslin unterschiedliche Auffassungen und Charaktere. Ensslin habe extremistischer gedacht, aber das Talent gehabt, kriminelle Handlungen als revolutionäre Taten erscheinen zu lassen.[203] Auch hier war Meinhof offenbar stark beeinflussbar, was sie an den Taten der Gruppe festhalten ließ.

Für die These, dass die ehemalige Kolumnistin den Schritt in den Untergrund nicht geplant hatte, spräche auch, dass sie nie als theoretischer Kopf der Gruppe habe glänzen oder gar im Rampenlicht stehen wollen. Gudrun Ensslin hingegen, mutmaßt Bettina Röhl, hätte diesen Status in der Öffentlichkeit gern gehabt. Ulrike Meinhof aber war, wie auch zuvor, alles Schillernde und das, was sich im Vordergrund bewegte, zuwider.

Erst im Untergrund habe Meinhof dann auch die Reduzierung im Denken auf die Kategorien Freund oder Feind vorgenommen. Die ehemaligen Genossen avancierten zu Gegnern.

Unterstrichen wird von der Meinhof-Tochter auch die These vom wiederaufstrebenden Faschismus, den die RAF – und Ulrike Meinhof schon viele Jahre zuvor – in der Bundesrepublik zu erkennen glaubte.

Auch nach der Verhaftung der Gruppe habe das Denken eine realistische Einschätzung der Lage, ein Bilanzziehen, verhindert. Zudem verstrickten die Gruppenmitglieder einander immer tiefer und unwiderruflich in die RAF.

Bettina Röhl dazu:

»Die Einsicht, dass Gewalt nicht der richtige Weg gewesen war, um an das Ziel zu kommen, wurde als Verrat gewertet. Die Tatsache, dass einer psychisch und physisch nicht mehr konnte, wurde gruppenhierarchisch als Ausstiegsgrund nicht mehr zugelassen.«[204]

Röhl ist jedoch der Ansicht, dass Meinhof unter weniger scharfen Haftbedingungen und mehr Kontakt zur Außenwelt möglicherweise einen Ausstieg ohne Verrat hätte praktizieren können.[205] Andreas Baader habe aber geschickt einen Ausstieg verhindert. Die Kämpfe mit sich selbst und den Gruppenmitgliedern und die sich immer mehr verschärfenden Konflikte vorrangig mit Gudrun Ensslin im Frühjahr 1976 hätten dann letztlich ihr Ende vorprogrammiert.

Als letzten Auslöser für den Selbstmord von Meinhof nennt die Tochter das Eingeständnis von Ensslin vom 4. Mai 1976. Darin erklärte sich Gudrun Ensslin für die Anschlagserie der Gruppe im Mai 1972 für verantwortlich. Sie schloss offenbar damit Ulrike Meinhof von der Handlung aus, was gleichbedeutend war mit der Aufkündigung der Solidarität.

Zuletzt bildeten die Angeklagten von Stuttgart-Stammheim bei Weitem keine einheitliche Front mehr. Ulrike Meinhof war internen Anfeindungen durch Ensslin ausgesetzt, hatte zudem Isolationshaft und Hungerstreiks hinter sich.

Röhl glaubt, dass die Mutter am Ende starke Zweifel am Weg der Gewalt gehegt habe, nicht mehr die Kraft gehabt hätte, dies einzugestehen ohne zu verraten, aber diesen gewaltsamen Weg auch nicht mehr hätte weitergehen wollen beziehungsweise können. Vielleicht war für sie die Aufkündigung der Solidarität aber auch ausschlaggebend und die Empfindung, allein und unwiderruflich getrennt von der Gruppe dazustehen. Alles, wofür sie mit der Gruppe gekämpft hatte, musste sich demzufolge als unnütz und umsonst herausgestellt haben.

Kommilitonen beschreiben Meinhof bezeichnenderweise später ursprünglich als »sehr deutsch und wenig weltläufig«[206], was deutlich werden lässt, welche krasse und länger andauernde Entwicklung sie im Grunde durchlaufen hat. Sie hatte sich von der stillen, fast scheuen Friedenskämpferin zur uneinsichtigen, in zwei Kategorien denkenden Extremistin gewandelt. Sie hatte als linke Intellektuelle die bürgerliche Gesetzgebung verinnerlicht, war anfangs nicht fähig, sich darüber hinwegzusetzen. Dennoch frustrierte sie immer mehr die Diskrepanz zwischen ihren moralischen Forderungen und der gesellschaftlichen Praxis. Dies stützt auch Riemecks These, dass Meinhof erst allmählich auf die Missstände aufmerksam gemacht und kämpfend auf den Plan gerufen wurde, nachdem der Anti-Atomtod-Bewegung und später der Studentenrevolte keinerlei Unterstützung aus Regierung oder Opposition zuteil geworden war.

Auch Meinhofs ehemaliger Studienkollege Jürgen Seifert sieht einen entscheidenden Grund für ihren Weg in den Untergrund im Antifaschismus, von dem sie von Beginn an beherrscht war.[207] Geprägt war sie durch das Engagement von Renate Riemeck für die Deutsche Friedensunion (DFU) und gegen die atomare Aufrüstung in der Republik Adenauer.

Das Blatt *konkret* habe Ulrike Meinhofs Ansicht über die Bundesrepublik als einen faschistischen beziehungsweise faschistoiden Staat exakt widergespiegelt, so dass sie in der Zeitschrift sehr schnell ein politisches Zuhause gefunden habe. Später hat sich Meinhof jedoch mit dem Blatt überworfen, mehr noch: Sie sieht in *konkret* nur noch eine opportunistische Zeitschrift. Nicht zuletzt deshalb wurden Renate Riemeck später im Übrigen schwere Vorwürfe gemacht. Es ging dabei um den Brief von Renate Riemeck im November 1971 in *konkret*, in dem sie ihre Ziehtochter zur Aufgabe bewegen will. Ehemalige Weggefährten Meinhofs, wie beispielsweise Jürgen Seifert, kritisierten später die Tatsache, dass der Brief ausgerechnet in der Zeitung, von der sie sich bereits 1969 deutlich losgesagt hatte, veröffentlicht worden war.

Das Vorgehen der Polizei gegen studentische Demonstranten interpretierte Ulrike Meinhof ab dem Jahr 1967 als Ausdruck des Faschismus, der die Antwort auf die »progressive« Gewalt seitens der Demonstranten gewesen sei.

Richtungweisend für Meinhof, so Seifert, sei auch die Geschichte der Notstandsgesetzgebung gewesen.[208] Meinhof habe sich schließlich, nachdem sie so lange vergeblich versucht hatte, ein entsprechendes Gesetz zu verhindern, in ihren Ängsten bestätigt gesehen, dass die Bundesrepublik den totalen Notstandsstaat anstrebe.

In den Kreisen der Studentenbewegung habe Meinhof außerdem keinen festen Bezugskreis finden können; sie sei dafür zu alt und zu etabliert gewesen. Diese Auffassung teilte auch Renate Riemeck. Als wichtiger Aspekt erscheint hier die Tatsache, dass die ehemalige Kolumnistin somit aber auch nicht davor habe bewahrt werden können, terroristische Handlungen zu begehen. Sie hatte keine Ansprechpartner und verspürte keine echte Solidarität mehr. Damit habe sie auch auf den totalen Bruch mit Staat und Gesellschaft gesetzt. Wer ihre Ansichten nicht teilte und nicht bis zum Äußersten durchzufechten bereit war, avancierte automatisch zum Gegner. Jemanden wie Andreas Baader habe Ulrike Meinhof für progressiv – da zur Tat entschlossen – gehalten. Schließlich habe Meinhof die Ausdauer gefehlt, politisch und realistisch gesellschaftskritisch weiter gegen Missverhältnisse anzukämpfen. Sie setzte ihre Hoffnungen nicht mehr in die Kleinarbeit, sondern – desillusioniert – in die utopisch anmutende große Rebellion.

Die Enttäuschung über die SPD – auch angesichts ihrer überzogenen Reaktionen Ende der 60er Jahre gegen die Studentenrevolte – habe ihr Übriges dazu beigetragen, dass sich die ehemalige Journalistin mit keiner Partei mehr auch nur in Ansätzen zu identifizieren vermochte.

Alles sei jedoch im Denken von Ulrike Meinhof vom Themenkomplex des Faschismus überlagert gewesen.

5. Bilanz des Terrorismus und des sechs-jährigen[209] Kampfes von Ulrike Meinhof gegen den Staat

Thomas Meyer kommt in seinem Buch über den deutschen Terrorismus zu dem Schluss, dass dieser seinen Kampf an der Hauptfront verloren habe, gemessen an dem, was sein ursprünglichstes Anliegen gewesen war.[210] An eine Solidarisierung der Massen war nicht zu denken gewesen. Ideologische Ziele und Prinzipien fehlten der RAF größtenteils. Dennoch waren sowohl die RAF wie auch die gesamte Protestbewegung ein Produkt dieser durch Aufbruchstimmung gekennzeichneten Jahre. Emotionen wie Wut, Ohnmacht und Entsetzen waren als Folge auf die beschriebenen innen- und außenpolitischen Geschehnisse zutage getreten.

Ulrike Meinhof geht 1967 vor dem Schah-Besuch hart mit der Trägheit und Nicht-Politisierung vieler Deutscher ins Gericht:

»Sie lebt an sich selbst und ihrer Geschichte vorbei, die Bevölkerung der Bundesrepublik, uninformiert, unaufgeklärt, desorientiert; unentschieden zwischen *Pril* und *Sunil*, im Bilde über *Alete*-Kinderkost und Küchenmaschinen, nicht über Nichtangriffspakt und kernwaffenfreie Zone. Die da zu wenig von sich selbst wissen, um für sich selbst sorgen zu können, [...] sind aber bestens unterrichtet [...] über die Gefühle einer persischen Ex-Kaiserin.«[211]

Ihre vermeintlichen politischen Motivationen und Anleitungen entlehnten Meinhof, Baader und Horst Mahler bei den südamerikanischen Guerilla-Organisationen, deren erklärtes Ziel der Sturz der kapitalistischen Gesell-

schaftsordnung ist, bei den palästinensischen Untergrund-
organisationen oder bei Mao Tse Tung. Das *Handeln*
der RAF beschränkte sich aber auf die Finanzierung des
Untergrundkampfes durch Banküberfälle und Ähnliches
sowie den Versuch der Freipressung inhaftierter Weggefährten. Zu abstrakt aber waren die Bezüge der Gruppe.
Zudem sprach sich die Gruppe stets für den Aufbau einer wahren Demokratie, also Volksherrschaft, aus. Die
kriminellen Handlungen wurden jedoch nicht von der
Mehrheit gutgeheißen.

Michael Baumann untermauert diesen Aspekt und sieht
das Scheitern der Guerilla darin, dass diese Organisation
schließlich genauso wurde wie der Apparat, den sie be-
kämpfte, das heißt hierarchisch, »undemokratisch«, da
keine Massen mobilisiert werden konnten, und intolerant,
da nicht dialogbereit.[212] Volksnah sei die Guerilla nicht
gewesen, allein schon aufgrund der Tatsache, dass die
Gruppe in der Illegalität den Kontakt zu den Menschen
der Basis verloren hatte. Aus diesem Grund nahm die
Gruppe nicht mehr an der gesamten Entwicklung der
Gesellschaft teil.

In einem Fernsehinterview zeigte Horst Mahler den
Fehler im Denken der RAF-Mitglieder auf. Demnach
habe die Gruppe einen Fehler gemacht, als sie den Staat
ausschließlich als Unterdrückungsapparat in den Händen der herrschenden Klasse gesehen und dabei übersehen
habe, dass sich die für den revolutionären Kampf vorgese-
hene Arbeiterklasse in Wahrheit in bestimmter Weise mit
eben diesem Staat identifizierte.

Oskar Negt wirft den Mitgliedern der terroristischen
Vereinigungen Illegalitätsromantik, eine falsche Ein-

schätzung der gesellschaftlichen Situation als »neuem Faschismus« und die illegitime Übertragung von Stadtguerilla-Praktiken auf Verhältnisse, die nur aus einer Verzweiflungssituation heraus mit Lateinamerika verwechselt werden konnten, vor.[213] Dieses Unpolitische, Verquere an der Gruppe, so Negt, habe jede noch so geringe Gemeinsamkeit verhindert, die die politische Linke in der Bundesrepublik zur Solidarität mit den Terroristen hätte veranlassen können. Nichts habe dem Ansehen der sozialistischen Politik demnach mehr Schaden zugefügt als die Terrorgruppen. Mit wenigen Schüssen habe die RAF vieles zunichte gemacht, wofür jahrelang mühsam gekämpft worden sei.

Scharfe Vorwürfe gab es auch vonseiten der Linken, die der RAF relativ bald vorwarf, keinen politischen Dialog in Gang zu setzen, sondern nur noch Gewalt zu praktizieren. Baumann: »Nicht gegen eine gezielte Sache, sondern gegen Gott und die Welt haben sie da plötzlich Bomben geschmissen, Polizei, Amis, Richter, Springer. Dabei sind ihnen natürlich große Fehler unterlaufen, dass sie Arbeiter bei Springer in die Luft gejagt haben.«[214]

Die RAF, so Michael Baumann, habe sich schlichtweg verzettelt. Die Isolation – auch bedingt durch den völligen Mangel an Dialogbereitschaft – und daraus resultierende mangelnde Unterstützung wie auch die Spannungen innerhalb der Gruppe ließen sie vollends scheitern. Baumann kritisiert rückblickend auch die Tatsache, dass die Gruppe sich sämtliche Wege zurück verbaut habe.

Der Berliner Redakteur Klaus Hartung schreibt in seinem Beitrag »Friedfertige Überlegungen zur Gewaltfrage – Ein neues Gewalttabu«, der Angriff der RAF auf das staatliche Gewaltmonopol sei seinem politischen Inhalt nach das Zerfallsprodukt der studentischen Bewegung gewesen.[215]

Es lässt sich rückblickend eine »Chronologie des Scheiterns der RAF« herleiten: Am Anfang steht eine Gefangenenbefreiung, bei der ein Mensch zu Schaden kommt, was eine deutliche Sympathieeinbuße seitens der Linken und großer Teile der Bevölkerung zur Folge hat. Im Nachhinein wird eine Ideologie entworfen, abstrakt und militant im Wortlaut, die Befremden hervorruft und weit davon entfernt ist, viele Anhänger zu gewinnen. Die Gruppe um Baader und Meinhof zeigt sich überzeugt davon, dass die Mehrheit der Bevölkerung mit dem staatlichen Modell nicht konform geht. Es schließen sich Gewaltakte und Verbrechen, zum Beispiel Banküberfälle, zur Solidarisierung der Massen an. Der Standpunkt der Gruppe verhärtet sich zunehmend; die Zahl der Anhänger wird noch kleiner, so genannte »Sympathisanten« verraten Gruppenmitglieder. Der Kern der Gruppe wird immer kleiner und gerät immer weiter in die Isolation. Es kommt zu Spannungen und schließlich zur Verhaftung der Gruppe. Die Guerilla, der Kampf »6 gegen 60 Millionen«, ist gescheitert.

Zu klären bleibt, ob Ulrike Meinhof dies am Ende für sich erkannt hat. Ob sie, eine erfahrene, ehemals besonnene Journalistin, die sich stets für sozial Benachteiligte, Randgruppen und Befürworter von Friedens- und Entspannungspolitik stark gemacht hat, erkannt hat, dass sie vor einen gewaltsamen Karren gespannt wurde.

Der *SPIEGEL* berichtet gut eine Woche nach dem Tod Ulrike Meinhofs von Straßenschlachten, die im Mai 1976 noch einmal Erinnerungen an die Jahre der APO wachgerufen hätten, relativiert das Ganze aber: »Doch es waren wenige, die protestierten: posthumes Zeichen dafür, dass die Lehren der Terroristin, die die Massen mobilisieren wollte, keine Resonanz mehr fanden.«[216] Die Extremistin habe letztlich nichts erreicht, obwohl es doch so sehr ihr Ziel war, etwas zu verändern, und besonders am Ende habe sie kaum noch jemand verstanden.[217] Möglicherweise habe sie aus diesem Grund keine Perspektive mehr gesehen.

Teils völlig unvorbereitet, teils aus Idealismus, teils aus Wut und Enttäuschung – Dutschke-Attentat, Notstandsverordnung, Wiederbewaffnung, Kurswechsel der SPD in den 50er Jahren, Furcht vor einem wiederaufflackernden Faschismus – und dem Irrglauben, durch Gewaltakte progressiv zu sein und solidarisieren zu können, ist sie in das »Unternehmen Stadtguerilla« hineingestolpert und vermochte sich am Ende – hilfsbereit und ausnutzbar wie ein dummer Tor, laut Renate Riemeck – nicht mehr aus der Verstrickung zu lösen, weil Verrat für sie undenkbar war.

Vielleicht aber hat sie auch bis zuletzt nicht an der Richtigkeit ihres Tuns gezweifelt, sah jedoch keinen anderen Weg, um den scharfen Haftbedingungen, die bereits zu psychischen und physischen Beeinträchtigungen geführt hatten, zu entgehen. Der Bundesgerichtshof hatte am 28. Oktober 1975, am 41. Verhandlungstag in Stammheim, sämtliche Beschwerden gegen die Haftbedingungen der RAF-Gefangenen zurückgewiesen. Und nur ein Geständnis – »Verrat« also – hätte die Isolation aufheben können. Das jedoch war gegen ihr Selbstverständnis.

Allerdings räumen Ulrike Meinhofs Äußerungen an

diesem Tag den Verdacht, sie habe sich – zumindest in wesentlichen Punkten – von der Gruppe losgesagt, nicht völlig aus, zumal schon die geringsten Zweifel in der Gruppe gleichbedeutend mit Verrat waren.

Ihre Überzeugung hat sie bis zur letzten Konsequenz gelebt, ungeachtet dessen, welches Opfer sie dafür bringen muss.

Klaus Wagenbach sagte in der Grabrede für Ulrike Meinhof: »Was Ulrike Meinhof umgebracht hat, waren die deutschen Verhältnisse. Der Extremismus derjenigen, die alles für extremistisch erklärten, was eine Veränderung der Verhältnisse auch nur zur Diskussion stellt. [...] Das wollen wir nicht vergessen. Es sind *unsere* Verhältnisse, die wir nicht vergessen wollen.«[218]

Das zeigt, dass – ungeachtet dessen, was schließlich 1977 blutig im »Deutschen Herbst« gipfelte – eine Debatte über Demokratie und humanen Umgang miteinander in der politischen Diskussion unabhängig von der politischen Anschauung stets wach gehalten und immer wieder von Neuem initiiert werden sollte.

Klaus Rainer Röhl sieht die *konkret*-Kolumnen von Ulrike Meinhof aus den Jahren 1959 bis 1969 als spätere Dokumente ihrer Verteidigung. Damals hat sie detailliert formuliert, worum es ihr ging und was es zu verbessern galt. Der Bruch im Denken und die Überzeugung, machtlos zu sein und nichts mehr bewegen zu können, ließen sie jedoch diesen Weg der Initiative verlassen und damit eben diese deutschen Verhältnisse unverändert. Sie setzte nicht mehr auf den richtigen, friedvollen, wenn auch steinigen und mühevollen Weg zur Erreichung dessen, was ihr vorschwebte. Die Konsequenz, mit der sie dann schließlich den terroristischen Weg zu Ende ging, wäre hilfreich und sinnvoll gewesen, um beispielsweise der abflauenden außerparlamentarischen Opposition neue Zugkraft zu verleihen und die Proteste in effiziente Bahnen lenken zu können. Was Ulrike Meinhof jedoch Ende der 60er Jahre fehlte, war ein längerer Atem. Gemessen an ihrer Biografie, ihrem Wesen und der Kette politischer Ereignisse in den 50er und 60er Jahren – denn sie war nicht etwa eine klassische »68erin« – war ihr Ende aber möglicherweise in gewisser Hinsicht vorprogrammiert gewesen.

Schlusswort

Die Gründe, die die Journalistin Ulrike Meinhof dazu veranlassten, in den Terrorismus zu gehen, seien abschließend noch einmal zusammengefasst:

- atomare Wiederaufrüstung in der Ära Adenauer und die Stellungnahme der SPD dazu
- die Debatte um die Notstandsgesetzgebung
- die Überzeugung, die Bundesrepublik sei faschistisch durchwirkt, aber auch die Tatsache der personellen Kontinuität unter anderem der NS-Richterschaft und die Nicht-Entschädigung von Kommunisten für im Dritten Reich erlittene Verfolgungen wie auch die gesamte Kommunistenverfolgung in den 50er Jahren
- *SPIEGEL*-Affäre
- Bildung der Großen Koalition
- Tod Benno Ohnesorgs
- Attentat auf Rudi Dutschke und die Reaktionen darauf
- Vorgehen der Polizei gegen die Demonstranten während der gesamten Studentenbewegung
- die sich mehr und mehr herausbildende irrige Überzeugung, dass es auf Taten ankomme
- Sogwirkung der Kaufhausbrandstiftung
- die Enttäuschung über das Verhalten von SPD und SDS

Mögliche Ursachen für ihr Tun und Handeln unter soziologischen oder psychologischen Gesichtspunkten zu betrachten, wäre noch einmal Aufgabe einer entsprechenden Untersuchung. Ein solch ausführliches Psychogramm mag möglicherweise noch andere Aspekte zutage fördern, sollte jedoch nicht Gegenstand dieser Arbeit sein. Das Zusammenspiel von Ulrike Meinhofs frühzeitiger Sensibilisierung für Missverhältnisse und der politischen Zustände und Geschehnisse in der Bundesrepublik als auslösendes Moment für ihr Abdriften sollte stattdessen zum Ausdruck kommen. Als Faktoren, die sie ebenfalls beeinflussten, sind aber vor allem auch ihre pazifistischen Prägungen durch das Elternhaus, respektive durch Renate Riemeck, zu nennen sowie die frühzeitige Erfahrung, dass Menschen Repressalien ausgesetzt sind, weil sie – ungeachtet ihres Engagements für Frieden und Abrüstung – andere politische Überzeugungen vertreten (Verfolgung von Nazi-Kritikern im Dritten Reich, Kommunistenverfolgung etc.). Hinzu kam ihre rigide Haltung, an Dingen bis zur letzten Konsequenz festzuhalten. Politisch wie privat galt sie als beharrlich.[219]

Im Zusammenhang mit dieser Untersuchung wurde aber auch eine bereits thematisierte Ambivalenz deutlich: Früh ist die aus einem anti-nationalsozialistischen Elternhaus stammende Frau gegen Gewaltanwendung – auch oder vor allem – in der politischen Auseinandersetzung. Mit geradezu pazifistischem Pathos spricht sie sich gegen Gewalt aus, da sie nur Gegengewalt erzeuge. Diese Ansicht vertritt sie selbst nach dem Attentat auf Dutschke noch; auch in der Kolumne über die Warenhausbrandstiftung bezeichnet sie die Brandstiftung als eine Sache, für die Nachahmung nicht empfohlen werden könne, unter anderem aufgrund der Gefährdung für die Täter, denen schwere Strafe drohe. Das lässt den Schluss zu, dass Meinhof es für falsch hielt, kriminell zu werden, nämlich weil dann nicht mehr effizient für eine Sache gekämpft werden könne. Das heißt, durch kriminelle Handlung verbaut sich der Demonstrant jede Form der Einflussnahme und des Sympathiegewinns. Deshalb wäre Gesetzesbruch das Unklügste und Unwirksamste. Die Sicht der Dinge ist hier also noch absolut realistisch, rational und vernunftorientiert. Hier erkennt sie noch, dass strafbare Handlungen der falsche Weg sind, eben weil man sich sämtliche Möglichkeiten der Einflussnahme nimmt.

Später hat sie diese Auffassung offenbar vollständig revidiert und ist in dem Irrglauben, durch das Werfen von Bomben eine Veränderung zum Besseren bewirken zu können.

Selbst im Frühjahr 1970 setzt sie noch große Hoffnungen in ihre sozialen Engagements, hofft, dass die Heimzöglinge mittels *Bambule*, des Radau Machens, einen kleinen Funken entzünden können. Denn für Meinhof bedeutet *Bambule* Protest, Widerstand, Aufstand, einen Befreiungsversuch.

Im April 1970 entsteht der Film; wenige Wochen später hat sich Meinhof dazu entschlossen, an der Baader-Befreiung passiv mitzuwirken. Aktive Hilfe zur Gefangenenbefreiung plant sie zwar nicht, doch hat sie sich in diesen Wochen dazu durchgerungen, ihren Teil dazu beizutragen.

Ulrike Meinhof mag möglicherweise, wie die Hamburger Zeitung *Die Zeit* 1972 schrieb, an der Unfähigkeit der Alten wie der Neuen Linken, Ziel und Praxis in Übereinklang zu bringen, verzweifelt sein.[220] Oder aber sie hat sich, so Franz Wördemann in seinem Buch »Terrorismus – Motive, Täter, Strategien«, eine Ersatzzukunft geben wollen.[221] Und dies wiederum sei durch den Entwurf einer Ideologie geschehen. Ausgangspunkt sei jedoch die Hoffnungslosigkeit gewesen; die Utopie habe danach als Hoffnungsersatz fungiert.

Für soziale Gerechtigkeit, Frieden und Objektivität wie auch Toleranz in der politischen Diskussion war Ulrike Meinhof angetreten, geprägt von pazifistischen und sozialistischen Idealen. In der Schule schwärmte sie von einer Welt, in der es Reich und Arm nicht gibt. Aus sozialem Engagement heraus war sie schließlich bereit gewesen, bis zum Äußersten zu gehen. Sie hatte den Anspruch gehabt, radikal anständig zu sein. Was sie dann mit ihren Weggefährten angezettelt hatte, hatte mit politischer Diskussion oder gar mit »good will machen«, wie sie es 1962 gefordert hatte, nichts mehr zu tun. Auch andere hat sie nachträglich auf den terroristischen Weg gebracht. Damit war auch die ehemalige Kolumnistin der Gefahr erlegen, vor der Günter Grass 1968 gewarnt hatte: Sie hatte sich kriminalisieren und dazu verleiten lassen, die richtigen Ziele mit den falschen Mitteln durchsetzen zu wollen. Die deutschen Verhältnisse beziehungsweise deren Ursachen konnte sie so aber nicht mehr in den Mittelpunkt der Betrachtungen stellen und damit mögliche Versäumnisse der Regierenden nicht mehr anprangern beziehungsweise offen legen. Ihr eigenes kriminelles Handeln überdeckte die Problematiken, eben die besagten deutschen Verhältnisse, die ihren Werdegang mitverursacht hatten und die zu verändern sie seit der Wiederaufrüstungsdebatte versucht hatte. Denn die ursprüngliche Fähigkeit zur objektiven und vor allem fundierten Kritik attestierte ihr selbst Fritz Rodewald, durch dessen Hinweis sie schließlich nach zwei Jahren im Untergrund festgenommen werden konnte: »Sie war mir bekannt als engagierte Kritikerin unseres Gesellschaftssystems, die sich bemüht hat, die negativen Seiten dieses Systems ins Bewusstsein zu rücken und zu seiner Veränderung beizutragen.«[222]

Auch Peter Rühmkorf, Schriftsteller und Mitbegründer von *konkret*, sieht die ursprüngliche Ulrike Meinhof als Sozialanwältin und unerbittliche Gesellschaftskritikerin[223], die sich einerseits durch politische und andererseits durch private Umstände – Ende 1967 trennt sie sich von Röhl und im März 1968 übersiedelt sie nach Berlin – auf sich selbst zurückgeworfen gefühlt habe. Zu diesem Zeitpunkt sei sie allein gelassen, kontaktbedürftig, ausbruchs- und geselligkeitsbegierig gewesen.

Dennoch hat der Terrorismus auch diese Erkenntnis zutage gefördert: Sowohl Terroristen wie Ulrike Meinhof als auch der Staat haben über die Jahre zu einer stetigen Verhärtung der Fronten beigetragen. Teils unverhältnismäßige Reaktionen vonseiten des Staates gegen Menschen anderer politischer Couleur haben ihren Teil zur Bereitung des Nährbodens für den Terrorismus geleistet. Auf der anderen Seite hat sich der Terrorismus uneinsichtig gezeigt.

Dieses Fazit könnte dazu dienen, eine einseitige Sichtweise bei der Betrachtung dieses Themenkomplexes zu vermeiden und mögliche Lehren für die Zukunft daraus zu ziehen. Auch die spätere Sympathisantenhatz verhinderte ein Aufeinanderzugehen und vertiefte auf verheerende Weise die Kluft zwischen Staat und Terroristen.

Für ihr mutiges politisches und soziales sowie gleichzeitiges friedliches Engagement sowie für ihre Glaubwürdigkeit und ihre deutlichen, aber sachlichen und realistischen Worte war die Journalistin Ulrike Meinhof bis Ende der 60er Jahre bekannt gewesen. Was danach kam, hatte sich ins Gegenteil gekehrt. Ihre große Enttäuschung angesichts der politischen Entwicklung in dem Deutschland, in dem sie lebte, hatte sie verzweifeln und scheitern lassen. Ihre Energie und ihr Engagement hatte sie in die falschen Bahnen gelenkt und damit nicht das erreicht, was ihr am wichtigsten gewesen war.

Der *SPIEGEL* konstatiert in einer Serie über Ursachen und Überbleibsel der Revolte von 1968 »Zwischen dem Traum von der Revolution und dem Albtraum der Guerilla liegt ein schmaler Pfad: Rechts davon stehen Gefängniszellen, links liegen die Gräber.«[224]

Bibliografie

I. Bücher, Zeitungen und Zeitschriften

Aust, Stefan: Der Baader-Meinhof-Komplex, Hamburg 1985.

Baumann, Michael: Wie alles anfing, München 1982.

Brückner, Peter: Ulrike Marie Meinhof und die deutschen Verhältnisse, Berlin 1976.

Die alte Straßenverkehrsordnung. Dokumente der RAF, Berlin 1987.

Duve, Freimut (Hrsg.): Aufbrüche – Die Chronik der Republik, Hamburg 1986.

Glaser, Hermann: Die Kulturgeschichte der Bundesrepublik Deutschland – Zwischen Protest und Anpassung 1968-1989, Frankfurt 1990.

Hobe, Konrad: Zur ideologischen Begründung des Terrorismus, Bonn 1979.

Krebs, Mario: Ulrike Meinhof – Ein Leben im Widerspruch, Hamburg 1988.

Internationales Komitee zur Verteidigung politischer Gefangener in Westeuropa (Hrsg.): Letzte Texte von Ulrike, o.O. 1976.

Meinhof, Ulrike Marie: Die Würde des Menschen ist antastbar. Aufsätze und Polemiken, Berlin 1980.

Meinhof, Ulrike: Dokumente einer Rebellion. 10 Jahre konkret-Kolumnen, Hamburg 1972.

Meinhof, Ulrike Marie: Bambule. Fürsorge – Sorge für wen?, Berlin 1971.

Meinhof, Ulrike Marie: Deutschland Deutschland unter anderm, Aufsätze und Polemiken, Berlin 1995.

Meinhof, Ulrike Marie: Heimkinder in der Bundesrepublik/Aufgehoben oder abgeschoben?, in: Frankfurter Hefte, Zeitschrift für Kultur und Politik, Frankfurt 21. Jahrgang 1966.

Mende, Erich: Von Wende zu Wende. Zeuge der Zeit 1962-1982, München/Berlin 1986.

Meyer, Thomas: Am Ende der Gewalt? Der deutsche Terrorismus – Protokoll eines Jahrzehnts, Frankfurt 1980.

Von Münch, Ingo (Hrsg.): Aktuelle Dokumente. Die Baader-Meinhof-Gruppe, Berlin 1972.

Peters, Butz: RAF – Terrorismus in Deutschland, München 1993.

Rühmkorf, Peter: Die Jahre die Ihr kennt – Anfälle und Erinnerungen, Hamburg 1972.

Seifert, Jürgen: Vor 20 Jahren starb die RAF-Frau Ulrike Meinhof, in: Sächsische Zeitung, Nr. 17/1996.

Seifert, Jürgen: Trügerischer Mythos Meinhof, in: Berliner Zeitung, Nr. 107/1996.

Der SPIEGEL, Sonderausgabe 1947-1997.

Der SPIEGEL, Nr. 17/1968.

Der SPIEGEL, Nr. 18/1968.

Der SPIEGEL, Nr. 19/1968.

Der SPIEGEL, Nr. 20/1968.

Der SPIEGEL, Nr. 25/1968.

Der SPIEGEL, Nr. 8/1969.

Der SPIEGEL, Nr. 20/1969.

Der SPIEGEL, Nr. 21/1970.

Der SPIEGEL, Nr. 25/1970.

Der SPIEGEL, Nr. 9/1971.

Der SPIEGEL, Nr. 18/1971.

Der SPIEGEL, Nr. 48/1971.

Der SPIEGEL, Nr. 25/1972.
Der SPIEGEL, Nr. 27/1972.
Der SPIEGEL, Nr. 4/1975.
Der SPIEGEL, Nr. 21/1975.
Der SPIEGEL, Nr. 8/1976.
Der SPIEGEL, Nr. 20/21/1976.
Der SPIEGEL, Nr. 35/1976.
Der SPIEGEL, Nr. 33/1977.
Der SPIEGEL, Nr. 36/1977.
Der SPIEGEL, Nr. 45/1977.
Der SPIEGEL, Nr. 20/1980.
Der SPIEGEL, Nr. 29/1995.
Der SPIEGEL, Nr. 30/1995.
Der SPIEGEL, Nr. 33/1996.
Der SPIEGEL, Nr. 23/1997.
Der SPIEGEL, Nr. 24/1997.
Der SPIEGEL, Nr. 25/1997.
Der SPIEGEL, Nr. 26/1997.
Tolmein, Oliver: Stammheim vergessen. Deutschlands Aufbruch und die RAF, Hamburg 1992.
Tolmein/zum Winkel: Nix gerafft. 10 Jahre Deutscher Herbst und der Konservativismus der Linken, Hamburg 1987.
Wördemann, Franz: Terrorismus. Motive, Täter, Strategien. München 1977.
Die Zeit, Nr. 19/1997.
Die Zeit, Nr. 24/1997.

II. Rundfunksendungen/Filme

Aust, Stefan: Baader-Meinhof, Folge 1: Wege in den Untergrund, NDR 1986.

Aust, Stefan: Baader-Meinhof, Folge 2: ... und am Schluss sie selbst, NDR 1986.

Brodmann, Roman: Dr. Rudi Dutschke oder Der Versuch, eine Linke auf die Füße zu stellen, o.O., o.J.

Fassbinder, Rainer Werner: Deutschland im Herbst. Deutsche Dokumentation, 1977/78.

Gaus, Günter: News & Stories. Interview mit Inge Viett, SAT 1 1997.

Koolmari, Timon: Ulrike Marie Meinhof (Deutsche Fassung), 1994.

Meinhof, Ulrike: Bambule + Diskussion aus der Reihe »Komm und sieh«, SWF HA o.J.

Mund, Heike: Rückblende. Ulrike Marie Meinhof am 15. Juni 1972 verhaftet, WDR 1997.

Anmerkungen

1   Stefan Aust, Der Baader Meinhof Komplex. Hamburg 1985, S. 100.
2   Hermann Glaser, Die Kulturgeschichte der Bundesrepublik Deutschland. Frankfurt 1990, S. 299.
3   Klaus Rainer Röhl, in: Ulrike Meinhof, Dokumente einer Rebellion - 10 Jahre *konkret*-Kolumnen. Hamburg 1972, S. 5.
4   Aust (wie Anm. 1), S. 238.
5   Ebenda, S. 197ff.
6   Mario Krebs, Ulrike Meinhof – Ein Leben im Widerspruch. Hamburg 1988, S. 27.
7   a.a.O.
8   Ebenda, S. 33.
9   Ebenda, S. 20.
10 Ebenda, S. 34ff.
11 Ebenda, S. 36.
12 Ebenda, S. 38.
13 Ebenda, S. 41.
14 Ebenda, S. 43.
15 Ebenda, S. 44.
16 Ebenda, S. 45.
17 Ebenda, S. 50.
18 Ebenda, S. 39.
19 Ebenda, S. 48.
20 a.a.O.
21 Ebenda, S. 49.
22 Ebenda, S. 52.
23 Ebenda, S. 53ff.
24 Ebenda, S. 57.
25 Ebenda, S. 58.
26 Krebs (wie Anm. 6), S. 20.
27 Ebenda, S. 21.
28 Peter Brückner, Ulrike Marie Meinhof und die deutschen Verhältnisse. Berlin 1976, S. 74.
29 Krebs (wie Anm. 6), S. 22.

30 Ebenda, S. 22ff.

31 Meinhof (wie Anm. 3), S. 44.

32 Vera Brühne und deren Freund Johann Ferbach wurden 1962 in einem spektakulären Prozess vom Münchner Schwurgericht wegen Doppelmordes zu lebenslangen Freiheitsstrafen verurteilt. Der Fall stieß in der Öffentlichkeit auf lebhaftes Interesse und war ein beliebtes Thema in den Gazetten. Der Schuldspruch erfolgte ausschließlich aufgrund von Indizien.

33 Ulrike Marie Meinhof, Die Würde des Menschen ist antastbar, Aufsätze und Polemiken. Berlin 1980, S. 53.

34 Ebenda, S. 15.

35 Ebenda, S. 26.

36 a.a.O.

37 Ebenda, S. 46.

38 Brückner (wie Anm. 28), S. 13.

39 Ebenda, S. 14.

40 Meinhof (wie Anm. 3), S. 71.

41 Ebenda, S. 82.

42 Ebenda, S. 7.

43 a.a.O.

44 Brückner (wie Anm. 28), S. 17.

45 Meinhof (wie Anm. 3), S. 9.

46 a.a.O.

47 a.a.O.

48 Ebenda, S. 12.

49 a.a.O.

50 a.a.O.

51 Ebenda, S. 19.

52 Ebenda, S. 21.

53 Ebenda, S. 22.

54 Ebenda, S. 23.

55 a.a.O.

56 a.a.O.

57 Ebenda, S. 28ff.

58 a.a.O.

59 Ebenda, S. 31.

60 Ebenda, S. 33.

61   Ebenda, S. 38.
62   Ebenda, S. 41.
63   Ebenda, S. 42.
64   Ebenda, S. 48.
65   Ebenda, S. 50.
66   Ebenda, S. 54.
67   Ebenda, S. 56.
68   Ebenda, S. 58.
69   Ebenda, S. 62.
70   Ebenda, S. 63.
71   Ebenda, S. 68.
72   a.a.O.
73   a.a.O.
74   Ebenda, S. 69.
75   Ebenda, S. 70.
76   Brückner (wie Anm. 28), S. 98.
77   Meinhof (wie Anm. 3), S. 72.
78   a.a.O.
79   Ebenda, S. 75.
80   a.a.O.
81   Ebenda, S. 79.
82   Ebenda, S. 81.
83   Ebenda, S. 94.
84   Ebenda, S. 99.
85   Ebenda, S. 100.
86   a.a.O.
87   Ebenda, S. 101.
88   a.a.O.
89   Krebs (wie Anm. 6), S. 123.
90   Ulrike Marie Meinhof, Bambule. Fürsorge – Sorge für wen? Berlin, S. 5ff.
91   Ebenda, S. 97.
92   Krebs (wie Anm. 6), S. 124ff.
93   Aust (wie Anm. 1), S. 49.
94   a.a.O.
95   Ebenda, S. 153ff.
96   Ebenda, S. 157.

97   Ebenda, S. 161.
98   Ebenda, S. 163.
99   Ebenda, S. 44.
100   Ebenda, S. 62.
101   Ebenda, S. 69ff.
102   Meinhof (wie Anm. 3), S. 87.
103   a.a.O.
104   Krebs (wie Anm. 6), S. 172.
105   *Der SPIEGEL* Nr. 8/1969, S. 151.
106   *Der SPIEGEL* Nr. 20/1969, S. 106.
107   Krebs (wie Anm. 6), S. 90ff.
108   Brückner (wie Anm. 28), S. 123.
109   Ebenda, S. 123ff.
110   Aust (wie Anm. 1), S. 77.
111   Brückner (wie Anm. 28), S. 144ff.
112   *Der SPIEGEL* Nr. 25/1968, S. 36ff.
113   Aust (wie Anm. 1), S. 67.
114   Krebs (wie Anm. 6), S. 212.
115   Ebenda, S. 216.
116   Ebenda, S. 224.
117   *Der SPIEGEL* Nr. 25/1970, S. 73.
118   Ebenda, S. 74.
119   a.a.O.
120   a.a.O.
121   Peter Hein, Stadtguerilla/bewaffneter Kampf in der BRD und Westberlin. Amsterdam 1989, S.118.
122   *Der SPIEGEL* (wie Anm. 117), S. 75.
123   *Der SPIEGEL* Nr. 18/1971, S. 32.
124   Die alte Straßenverkehrsordnung – Dokumente der RAF. Berlin 1987, S. 28ff.
125   Ebenda, S. 31.
126   Ebenda, S. 45.
127   Krebs (wie Anm. 6), S. 250.
128   Ebenda, S. 252ff.
129   Ebenda, S. 196.
130   Ebenda, S. 197.
131   Ebenda, S. 208.

132 Ingo von Münch (Hrsg.), Aktuelle Dokumente. Die Baader-Meinhof-Gruppe. Berlin 1972, S. 51.

133 Aust (wie Anm. 1), S. 58.

134 Ebenda, S. 69.

135 Krebs (wie Anm. 6), S. 171.

136 *Der SPIEGEL* Nr. 29/1995, S. 94.

137 Ebenda, S. 2ff.

138 a.a.O.

139 Ebenda, S. 13ff.

140 Ebenda, S. 14ff.

141 a.a.O.

142 Ebenda, S. 20.

143 Ebenda, S. 23.

144 Ebenda, S. 28ff.

145 Ebenda, S. 30.

146 Ebenda, S. 31.

147 Ebenda, S. 32.

148 a.a.O.

149 Ebenda, S. 244.

150 Von Münch (wie Anm. 132), S. 83.

151 Ebenda, S. 122.

152 Ebenda, S. 155.

153 Ebenda, S. 157.

154 *Der SPIEGEL* Nr. 33/1977, S. 28.

155 Von Münch (wie Anm. 132), S. 47.

156 *Der SPIEGEL* Nr. 4/1975, S. 54.

157 Ebenda, S. 55.

158 a.a.O.

159 Die alte Straßenverkehrsordnung (wie Anm. 124), S. 178.

160 *Der SPIEGEL* Nr. 23/1997, S. 109.

161 Thomas Meyer, Am Ende der Gewalt? Der deutsche Terrorismus – Protokoll eines Jahrzehnts. Frankfurt 1980, S. 45.

162 *Der SPIEGEL* (wie Anm. 160), S. 109ff.

163 Herbert Marcuse, zitiert in: *Der SPIEGEL* Nr. 20/1968, S. 36.

164 *Der SPIEGEL* (wie Anm. 163), S. 51.

165 *Der SPIEGEL* Nr. 21/1970, S. 100.

166 Michael »Bommi« Baumann, Wie alles anfing. München 1982, S. 45.
167 *Der SPIEGEL*, Nr. 17/1968, S. 25.
168 Ebenda, S. 26.
169 Peter Brückner, in: *DER SPIEGEL* Nr. 9/1971, S. 27.
170 *DER SPIEGEL* (wie Anm. 163), S. 46.
171 Ebenda, S. 44.
172 Zitiert in: *Der SPIEGEL*, Nr. 19/1968, S. 44.
173 Aust (wie Anm. 1), S. 300.
174 Ebenda, S. 193.
175 Interview mit Horst Mahler, in: Deutschland im Herbst. Deutsche Dokumentation von Rainer Werner Fassbinder, 1977/78.
176 *Der SPIEGEL* Nr. 21/1975, S. 39.
177 Oskar Negt, in: *Der SPIEGEL* Nr. 9/1971, S. 28.
178 Martin Greiffenhagen, in: *Der SPIEGEL* Nr. 45/1977, S. 57.
179 Interview mit Inge Viett, in: News & Stories, Gespräch mit Günter Gaus, SAT 1 1997.
180 Günter Grass, zitiert in: *Der SPIEGEL* Nr. 19/1968, S. 52ff.
181 Jürgen Seifert, in: *Der SPIEGEL* Nr. 30/1995, S. 36.
182 Meyer (wie Anm. 161), S. 53.
183 a.a.O.
184 Ebenda, S. 58.
185 Aust (wie Anm. 1), S. 36.
186 Ebenda, S. 54.
187 Gabriele Goettle, in: Die alte Straßenverkehrsordnung (wie Anm. 124), S. 142.
188 Ebenda, S. 147.
189 Glaser (wie Anm. 2), S. 305.
190 *Der SPIEGEL* (wie Anm. 154), S. 26.
191 a.a.O.
192 Glaser (wie Anm. 2), S. 29.
193 Ebenda, S. 35.
194 Meinhof (wie Anm. 3), S. 103.
195 a.a.O.
196 a.a.O.
197 Ebenda, S. 105ff.

198 Ebenda, S. 106.
199 Klaus Wagenbach, in: Meinhof (wie Anm. 33), S. 186.
200 *Der SPIEGEL* (wie Anm. 136), S. 91.
201 Ebenda, S. 94.
202 Ebenda, S. 96.
203 Ebenda, S. 97.
204 Ebenda, S. 103.
205 Ebenda, S. 107.
206 Krebs (wie Anm. 6), S. 31.
207 *Der SPIEGEL* (wie Anm. 181), S. 36.
208 a.a.O.
209 Hier ist von sechs Jahren Untergrundkampf die Rede, weil Meinhof ab 1970 polizeilich gesucht wurde und bis zu ihrem Tod 1976 in der Haft Publikationen gegen das bundesdeutsche System verfasst hat. Exakt genommen datiert ihr Engagement gegen die politischen Verhältnisse bereits aus den 50er Jahren.
210 Meyer (wie Anm. 161), S. 201ff.
211 Brückner (wie Anm. 28), S. 167.
212 Baumann (wie Anm. 166), S. 146.
213 Konrad Hobe, Zur ideologischen Begründung des Terrorismus. Bonn 1979, S. 43.
214 Baumann (wie Anm. 166), S. 148.
215 Klaus Hartung, in: Die alte Straßenverkehrsordnung (wie Anm. 124), S. 138.
216 *Der SPIEGEL* Nr. 20/21/1976, S. 13.
217 a.a.O.
218 Brückner (wie Anm. 28), S. 197ff.
219 Krebs (wie Anm. 6), S. 23.
220 *Der SPIEGEL* Nr. 27/1972, S. 66.
221 Franz Wördemann: Terrorismus – Motive, Täter, Strategien, München 1977, S. 284ff.
222 *Der SPIEGEL* (wie Anm. 220), S. 71
223 Peter Rühmkorf, Die Jahre die Ihr kennt. Hamburg 1972, S. 223ff.
224 *Der SPIEGEL* Nr. 24/1997, S. 81.